Spannende Leseabenteuer 2

Lesen und Schreiben
mit der Silbenmethode

Vorwort

Lesen und Schreiben eröffnet eine neue Welt. Das Lesen- und Schreibenlernen ist ein spannendes Abenteuer, das für viele Kinder auch Fallstricke bereithält. Damit die Kinder das Abenteuer mit Neugier und Begeisterung meistern, ist die Wahl der richtigen Methode und der richtigen Mittel für das Lesen- und Schreibenlernen von entscheidender Bedeutung.

Spannende Leseabenteuer 2 ist eine Sammlung von Geschichten für Lese-Anfänger. Die kurzen und längeren Texte werden durch verschiedene Übungen zum Lesen und zum Leseverständnis ergänzt. Spannende Leseabenteuer 2 enthält Texte und Übungen aus den aktuellen Materialien für das Lesen- und Schreibenlernen in Klasse 1 und 2 (→ Umschlaginnenseite vorne). Sie eignen sich zur Wiederholung und Förderung in der 2. und 3. Klasse.

Viele Texte sind dem Lehrgang „ABC der Tiere – Lesen und Schreiben lernen mit der Silbenmethode" entnommen. Die Silbenmethode erleichtert allen Kindern das Lesenlernen. Präventiv kann mit der Silbenmethode LRS (Lese-/Rechtschreibschwäche) verhindert werden.

Silben sind die zentralen Bausteine der deutschen Sprache. Der farbige Silbentrenner teilt die Wörter deutlich sichtbar in Silben auf. Wenn die Kinder das flüssige Lesen mit dem Silbentrenner beherrschen, gibt es keine Probleme beim Übergang zu Texten ohne Silbentrenner.

Die Silbenmethode erleichtert aber nicht nur das Lesenlernen, sondern ist auch die notwendige Grundlage für die Beherrschung der Orthografie. Das Bewusstsein für die Silben gibt den Kindern Sicherheit beim Rechtschreiben. Die Silben-Sudokus z. B. sorgen spielerisch für die Wiederholung der Silben und festigen deren Automatisierung.

Die Silbenmethode ist die erfolgreichste Methode für das Lesen- und Schreibenlernen. Dabei ist es keine neue Methode, sondern sie kann auf eine lange Tradition zurückblicken. Der Lehrgang „ABC der Tiere" verknüpft die bewährte Methode mit den neuesten Erkenntnissen der Sprachforschung und der Hirnforschung. Das Konzept von „ABC der Tiere" erleichtert das Lesenlernen und legt die Grundlage für das sichere Beherrschen der Orthografie.

Auf www.abc-der-tiere.de finden Sie eine Präsentation zur Geschichte der Silbenmethode und ausführliche Erklärungen zum Konzept des Lehrgangs „ABC der Tiere".

LRS ist keine Krankheit. Kinder mit LRS-Risiko benötigen von Anfang an die richtige Unterstützung. Die Präsentation auf www.abc-der-tiere.de stellt an konkreten Beispielen die erfolgreiche Prävention und Kompensation von LRS vor.

Der farbige Silbentrenner markiert die Sprechsilben. Diese sind fast immer identisch mit der Worttrennung. Als Ausnahme sind einzelne Vokale als Sprechsilben markiert (z. B. Eva, Ofen, Radio).

Weitere Informationen und ein Forum für Fragen zum Lesen- und Schreibenlernen finden Sie unter: www.abc-der-tiere.de

Viel Spaß mit den spannenden Leseabenteuern!

Impressum

Bestell-Nr. 1401-23 · ISBN 978-3-619-14123-4 · Ausgabe Festeinband
Bestell-Nr. 1401-24 · ISBN 978-3-619-14124-1 · Ausgabe Broschur

Auflage	4	3	2	1
Jahr	2019	2018	2017	2016

Alle Rechte vorbehalten
© 2016 Mildenberger Verlag GmbH, 77652 Offenburg
www.mildenberger-verlag.de
E-Mail: info@mildenberger-verlag.de

Druck: Grafisches Centrum Cuno GmbH & Co. KG, 39240 Calbe

Gedruckt auf umweltfreundlichen Papieren.

Bezugsmöglichkeiten
Alle Titel des Mildenberger Verlags erhalten Sie unter:
www.mildenberger-verlag.de
oder im Buchhandel. Jede Buchhandlung kann alle Titel direkt über den Mildenberger Verlag beziehen.
Ausnahmen kann es bei Titeln mit Lösungen geben: Hinweise hierzu finden Sie in unserem aktuellen Gesamtprogramm.

www.ABC-der-Tiere.de

Inhalt

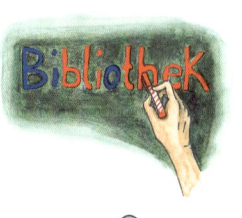

Mein kleiner Hund

A B C –

Mein Hund schwimmt gern im See.

D E F –

Ich bin sein lieber _____.

G H I –

Bei „Klatsch" springt er aufs _____.

J K L –

Mit Würstchen lernt er _____.

M N O –

Holt's Stöckchen _____.

P Q R –

Da ist ein fremder _____.

S T U –

Er bellt und knurrt _____.

V W X –

Nein, unser Hund macht _____.

Y und Z –

Ach, so ein Hund ist _____!

Katrin Herter

Chef

See

schnell

Knie

Herr

dazu

nett

nichts

irgendwo

1. Ergänze die passenden Reimwörter.

4

Die flinke Katze

Die Katze läuft im Schnee.

Da hört sie ein Gekläff.

„Der Hund erwischt mich nie."

„Jetzt auf den Baum, ganz schnell!"

Der Hund ist gar nicht froh:

Das Klettern ist zu schwer.

Jetzt hat die Katze Ruh.

„Heut war ich wieder fix."

„Auch war der Hund zu fett."

Katrin Herter

D E F

G H I

V W X

A B C

P Q R

M N O

J K L

S T U

Y und Z

2. Ordne die passenden Teile des Abc zu.

3. Lerne eines der Abc-Gedichte auswendig.

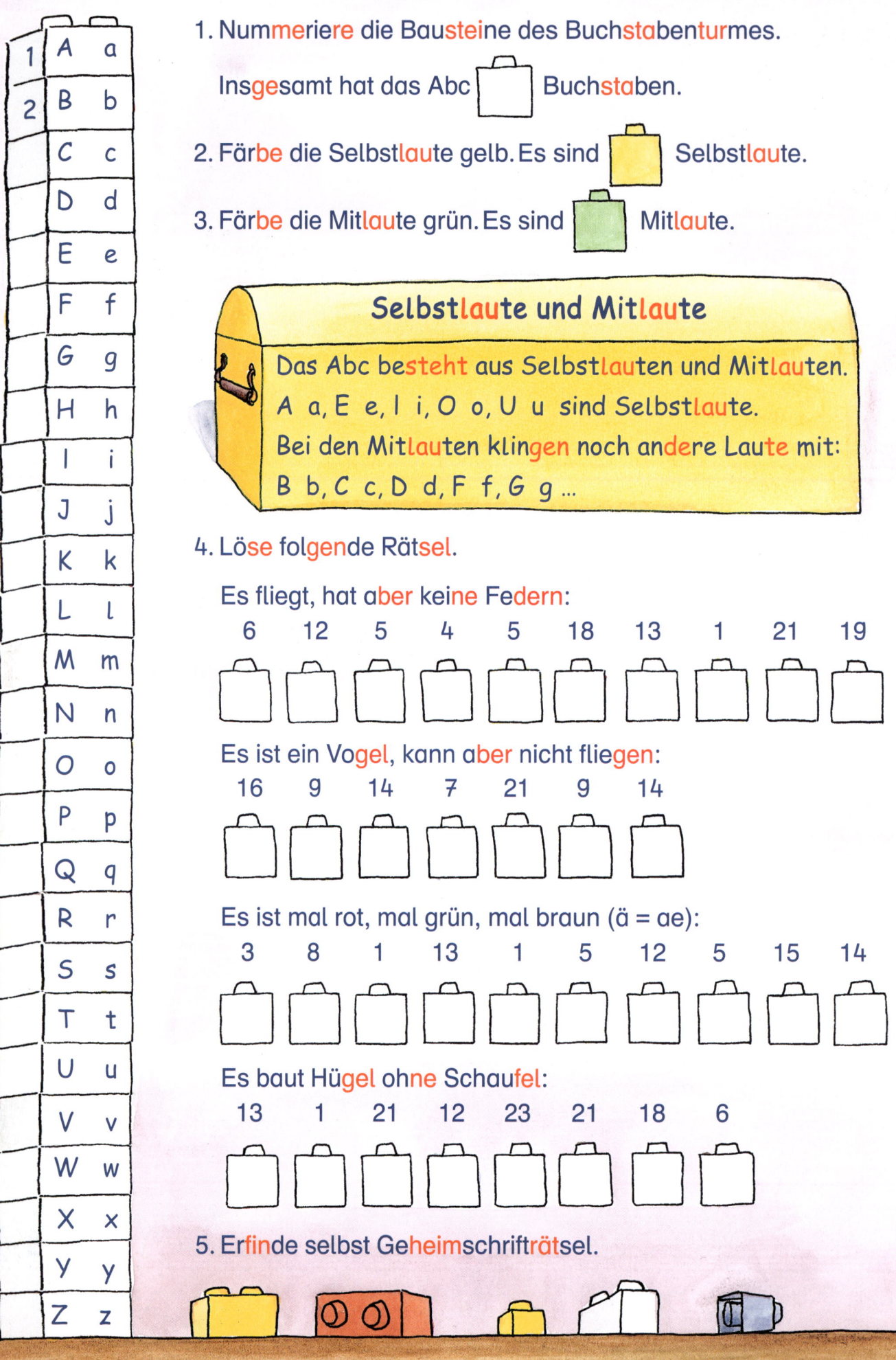

1. Num*meriere* die Bau*steine* des Buch*staben*tur*mes.

   Ins*ge*samt hat das Abc ☐ Buch*sta*ben.

2. Färbe die Selbst*laute* gelb. Es sind ☐ Selbst*laute*.

3. Färbe die Mit*laute* grün. Es sind ☐ Mit*laute*.

Selbst*laute* und Mit*laute*

Das Abc be*steht* aus Selbst*lauten* und Mit*lauten*.
A a, E e, I i, O o, U u sind Selbst*laute*.
Bei den Mit*lauten* klin*gen* noch an*dere* Lau*te* mit:
B b, C c, D d, F f, G g ...

4. Löse fol*gen*de Rät*sel*.

   Es fliegt, hat a*ber* kei*ne* Fe*dern*:

6	12	5	4	5	18	13	1	21	19
☐	☐	☐	☐	☐	☐	☐	☐	☐	☐

   Es ist ein Vo*gel*, kann a*ber* nicht flie*gen*:

16	9	14	7	21	9	14
☐	☐	☐	☐	☐	☐	☐

   Es ist mal rot, mal grün, mal braun (ä = ae):

3	8	1	13	1	5	12	5	15	14
☐	☐	☐	☐	☐	☐	☐	☐	☐	☐

   Es baut Hü*gel* ohne Schau*fel*:

13	1	21	12	23	21	18	6
☐	☐	☐	☐	☐	☐	☐	☐

5. Erfinde selbst Ge*heim*schrift*rät*sel.

1	A	a
2	B	b
	C	c
	D	d
	E	e
	F	f
	G	g
	H	h
	I	i
	J	j
	K	k
	L	l
	M	m
	N	n
	O	o
	P	p
	Q	q
	R	r
	S	s
	T	t
	U	u
	V	v
	W	w
	X	x
	Y	y
	Z	z

Tiere von A bis Z

1. Trage die fehlenden Tiernamen nach dem Abc ein.

2. Schreibe die anderen Tiernamen ab.

1. Affe

2. Bär

3.

4. Delfin

5. Elefant

6.

7. Gans

8. Hase

9.

10. Jaguar

11. Kakadu

12. Löwe

13.

14. Nashorn

15.

16. Papagei

17.

18. Reh

19.

20. Tiger

21.

22. Vogel

23. Wal

24. Xiphias

25.

26. Zebra

Qualle   Igel

Maus   Uhu

Orang-Utan

Seepferdchen

Fisch   Yak

Chamäleon

Xiphias
(Schwertfisch)

Das Geheimnis eines guten Lesers

Florian und Lena sitzen gut gelaunt im Garten auf dem Apfelbaum. „Du wolltest mir doch sagen, wie ich mir merken kann, was ich gelesen habe?", drängt Florian. „Du willst es wirklich wissen", stellt Lena zufrieden fest. „Also gut, ich verrate dir das Geheimnis eines guten Lesers. Ein guter Leser liest viel. Ein guter Leser macht sich Bilder im Kopf. Er stellt sich alles, was er liest, lebhaft vor." „Oh, das klingt spannend", meint Florian. „Kannst du mir das noch genauer erklären?"

Übung macht den Meister! Wer viel liest, liest bald auch gut!

1. Wo sitzen Florian und Lena?
   Kreuze die richtige Antwort an.
   a) im Gartenhaus ☐
   b) auf dem Apfelbaum ☐
   c) auf der Gartenbank ☐

2. Was ist das Geheimnis eines guten Lesers?
   a) Ein guter Leser liest viel, macht sich Bilder im Kopf und stellt sich alles, was er liest, lebhaft vor. ☐
   b) Ein guter Leser sitzt oft auf einem Apfelbaum. ☐
   c) Ein guter Leser sitzt oft vor dem Fernseher. ☐

3. Was macht ein guter Leser?
   Kreuze die richtigen Antworten an.

a)

Ein guter Leser macht sich
Bilder im Kopf. ☐

b)

Ein guter Leser stellt sich
seine Bilder mit Tönen und
Geräuschen vor. ☐

c)

Ein guter Leser stellt sich
seine Bilder mit Gefühlen vor. ☐

d)

Ein guter Leser stellt sich
seine Bilder mit Geruch und
Geschmack vor. ☐

e)

Was
bedeutet
das?

Ein guter Leser stellt
Fragen, wenn er ein Wort
nicht verstanden hat. ☐

Und nun auf zum Lesetraining!
Denn nur Übung macht den Meister.

Viel Spaß!
Dein Fredi

Lesen und malen

1. Male die Bilder zu Ende.

Der Vogel pickt einen Wurm.

Die Spinne ist in ihrem Netz.

Eine Maus saust in ihr Loch.

Die Katze sieht einen Vogel.

Auf dem Tisch stehen fünf Teller.

Im Garten stehen zwei Sonnenblumen.

Auf dem Feld liegen sieben Ballen Stroh.

Auf die Tafel schreibt Susi Sonne.

2. Lies die Sätze.
   Kreuze Ja oder Nein an
   und male die zutreffenden Bilder aus.

Ja Nein

☐ ☐   Ein Affe schaut in den Spiegel.

☐ ☐   Das Pferd liest ein Buch.

☐ ☐   Auf dem Baum sitzt die Maus.

☐ ☐   Die Fische haben Propeller.

☐ ☐   Ein Hase angelt einen Fisch.

☐ ☐   Ein Elefant fährt das Auto.

☐ ☐   In der Luft fliegt eine Kuh.

☐ ☐   Die Kuh frisst Gras auf der Weide.

☐ ☐   Auf der Bank schläft ein Esel.

☐ ☐   Zwei Strauße wandern mit dem
        Rucksack.

Schule ist aus

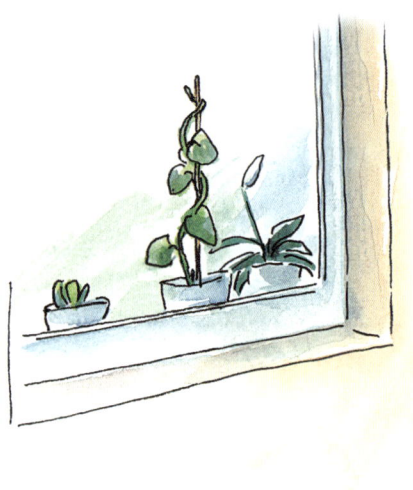

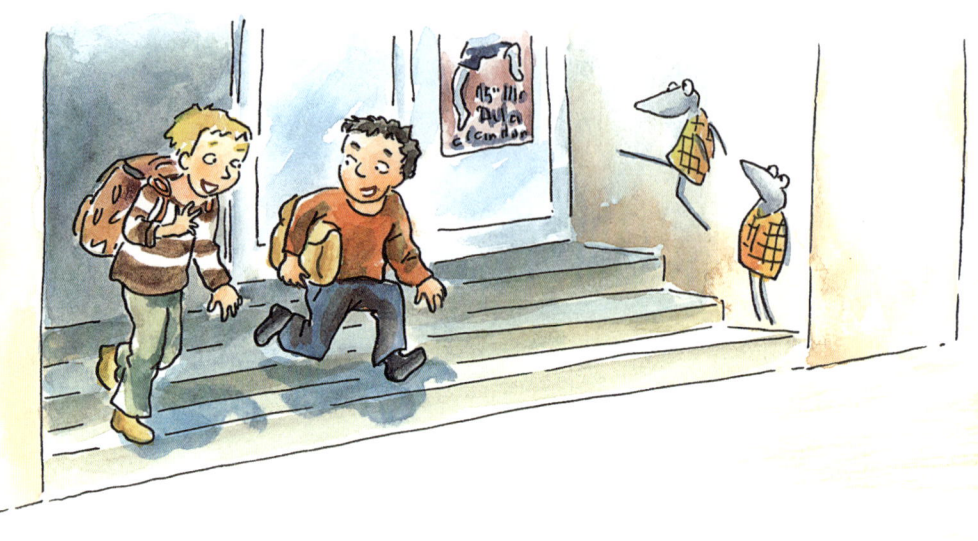

Alle Schüler kommen aus der Schule.
Auf einmal ruft Mio: Klaus, schau,
da ist dein Bruder Martin.
Er wartet am Auto.
Klaus saust sofort los.
Er schaut nur auf das Auto.

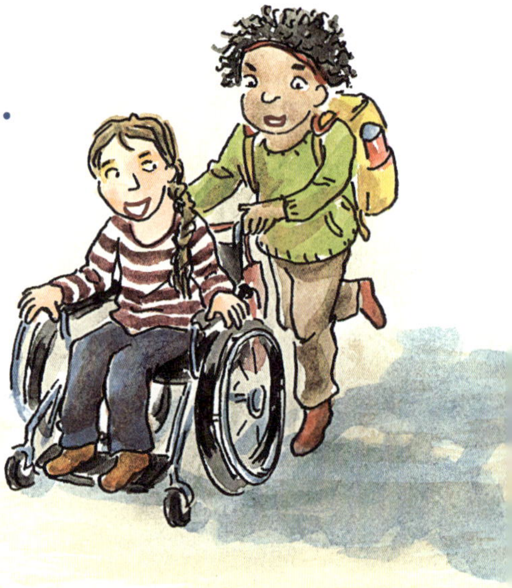

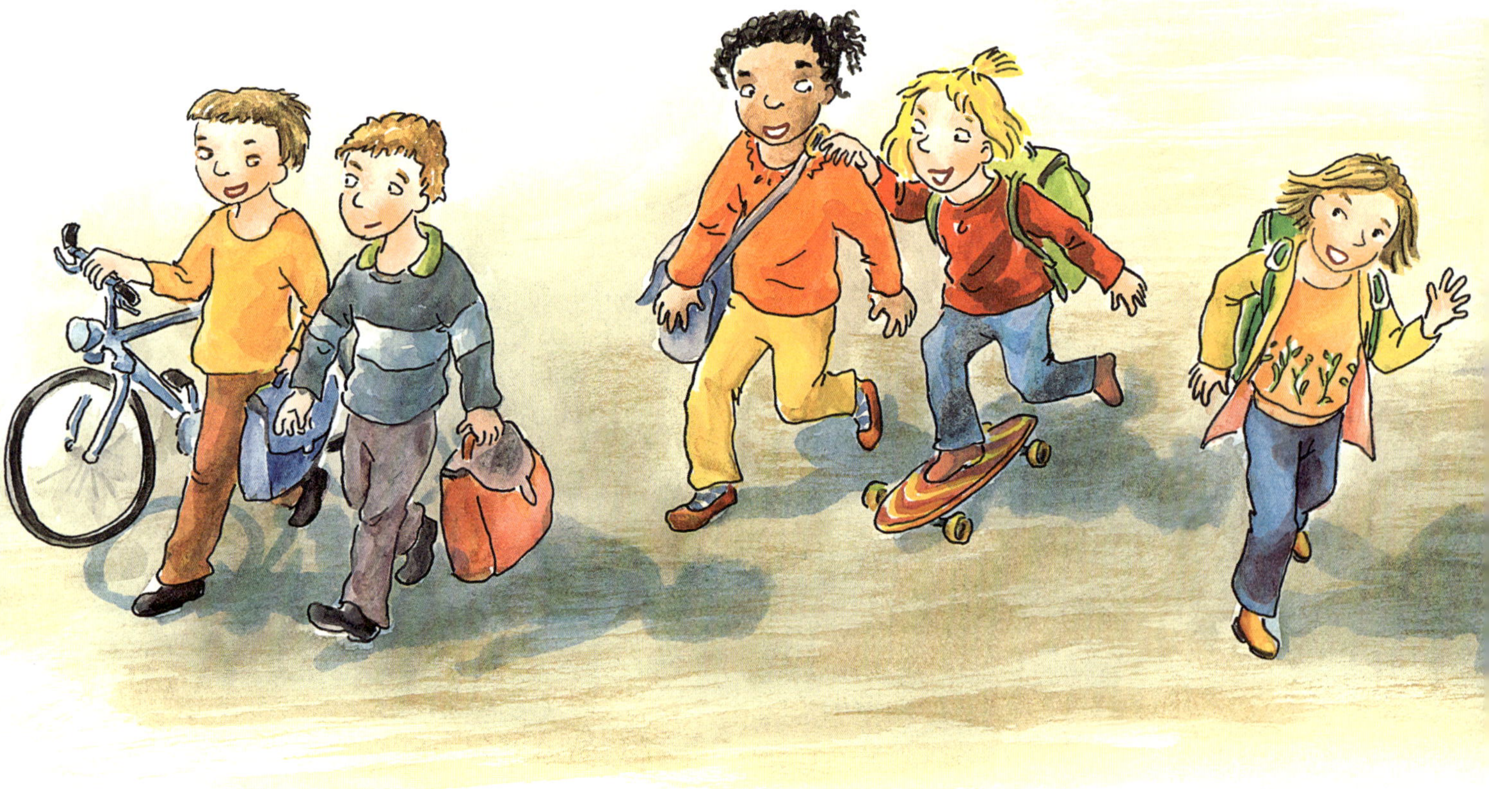

Was ist los?

Klaus schreit laut:

Au, au mein Daumen.

Sein Bruder kommt und

schaut auf den Daumen.

Der Daumen blutet.

Martin wickelt eine Binde

um den Daumen.

Nun ist es besser.

Schreibe die Sätze.

Klaus ~~Klaus~~   aus der Schule.   ~~kommt~~

Klaus kommt

---

wartet   im Auto.   Sein Bruder

---

schreit   laut.   Klaus

---

blutet.   Der Daumen

---

eine Binde   Martin

um den Daumen.   wickelt

14

Der kleine Biber

Der kleine Biber ist in seinem Bau.

Er ist allein. Er will essen.

Da kommen seine Eltern

mit dem Futter.

Der kleine Biber kaut und isst.

Dann will er mit den anderen Bibern toben.

Am Abend sind kleine Biber müde

und kuscheln.

Bald schlafen alle ein.

1. Wo ist der kleine Biber?

   Der kleine Biber ist _____ _____ _____ .

2. Wer kommt mit dem Futter?

   Seine _____ kommen mit dem Futter.

3. Was will der kleine Biber tun?

   Er will mit den anderen Bibern _____ .

4. Was tun kleine Biber am Abend?

   Am Abend sind kleine Biber _____ und

   _____ .

5. Male kleine Biber im Bau.

Die Panne

Papa, Mama, Paula und Peter sind
mit dem Auto unterwegs.
Auf einmal hören sie es knallen
und klappern.
„Wir haben eine Panne", ruft Paula.

Sie halten an und Papa telefoniert
mit der Pannenhilfe.
„Was können wir tun?", fragt Paula.

16

Eier   Raupe   Puppe   Falter

„Schaut mal, da ist ein Ameisenhaufen",
ruft Mama.
Ameisen rennen über den Boden.
Wespen schwirren um den Mülleimer.
An den Blättern einer grünen Pflanze
entdecken sie kleine Eier und Raupen.
Mama sagt: „Aus den Raupen werden Puppen.
Aus den Puppen schlüpfen Falter."
Auf einmal pfeift Peter laut und ruft:
„Da kommen die Pannenhelfer."

Rau pen fres sen

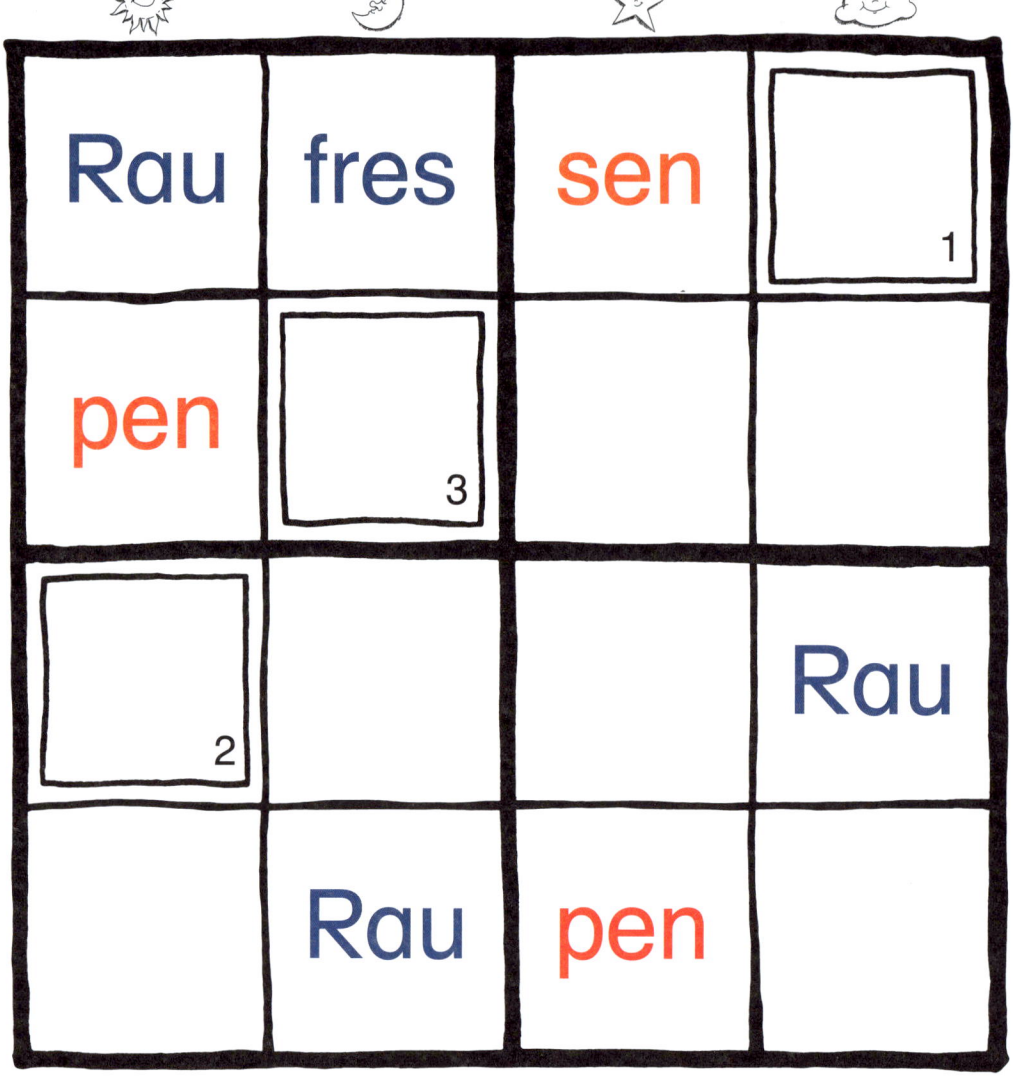

Rau	fres	sen	[1]
pen	[3]		
[2]			Rau
	Rau	pen	

Lösungssatz:

Drei Wes___ müs___ um
        1   2

Abfälle sau___ .
            3

Ergänze das Bild:

Anleitung Silben-Sudoku siehe S. 97.

Die   Rau   pe   krab   belt   und   frisst   Blät   ter .

ter	Rau		und	frisst	belt	Die	krab	pe
belt	pe	frisst		krab	Rau	Blät	und	ter
krab	[4]	Die	Blät	pe	ter		frisst	Rau
pe	frisst		Rau	Blät	Die	und	ter	belt
Blät	ter	belt	frisst		[3]	Rau	Die	krab
und		Rau	ter	belt	krab	frisst	[2]	Blät
	Blät	ter	pe	Rau	und	krab	belt	Die
Die	belt	und		[5]	Blät	pe	Rau	frisst
[1]	krab	pe	belt	Die	frisst	[6]	Blät	

Lösungssatz:

Aus der ___ ___ wird eine Pup___
  1   2   3
___ dann ein bun___ Schmet___ling.
 4   5   6

Ergänze das Bild:

Der Hase und der Igel

An einem Sonntagmorgen traf der Hase den Igel.
Er sagte: „Du hast so krumme Beine,
du kannst nicht mit mir
um die Wette laufen."
Der Igel war beleidigt
und sagte: „Das kommt
auf einen Versuch an.
Ich wette einen goldenen
Taler gegen dich.
In einer halben Stunde
bin ich bereit."

Der Igel ging nach Hause und dachte sich etwas aus.
Er sagte zu seiner Frau: „Komm mit,
ich will mit dem Hasen
um die Wette laufen."
Der Igel versteckte
seine Frau
in einem Laubhaufen
am Ende der Ackerfurche.
Auf der anderen Seite
wartete der Hase schon.
Sie stellten sich auf
und rannten los.

Der Igel lief aber nur drei Schritte. Dann duckte er sich und blieb liegen. Als der Hase am Ende der Furche ankam, rief die Igelfrau:
„Ich bin schon da."
Der Hase wunderte sich und rief:
„Noch einmal gelaufen." Schon sauste er zurück.
Nun rief der Igel:
„Ich bin schon da."
Der Hase schnaufte aufgeregt:
„Noch einmal gelaufen."
Der Igel antwortete: „Sooft du Lust hast."

Der Hase lief oft hin und her. Immer rief es:
„Ich bin schon da." Der Hase wurde immer müder.
Schließlich fiel er tot um.
Der Igel hatte
die Wette gewonnen.
Er sagte
zu seiner Frau:
„Der hochmütige
Hase hat uns ausgelacht.
Nun hat er seinen Lohn."

nach Gebrüder Grimm

1. Bringe die Igel nach der Anzahl ihrer Stacheln in die richtige
   Reihenfolge und setze die entsprechenden Buchstaben
   in die Leerkästchen ein. Wenn du sie alle eingetragen hast,
   weißt du, wer gewonnen hat.

5	6	7	8	9	10	11	12	13	14	15	16	17	18

2. Weißt du das?

   Erwachsene Igel haben 600 bis 800 Stacheln.

   Ein Igeljunges hat etwa 3000 Stacheln.

   Ein Stachel fällt etwa nach 12 bis 18 Monaten aus.

   An dieser Stelle wächst ein neuer Stachel nach.

3. Male das Bild an und erzähle die Geschichte nach.

Der Apfelbaum

Im Garten steht ein Apfelbaum. Er sieht zu jeder Jahreszeit anders aus.

Im Frühling treiben die Blätter aus. Bald beginnt der Apfelbaum zu blühen und sieht dann wunderschön aus. Seine Blüten sind entweder rosa oder weiß. Wenn die Blüten von den Bienen bestäubt werden, werden aus den Blüten die Äpfel.

Im Sommer reifen die Äpfel. Bald sind sie süß und saftig. Die meisten Sorten werden im Spätsommer und im Herbst geerntet. Ein Apfelbaum trägt viele Früchte.

Im Herbst wird das Laub des Apfelbaumes bunt. Die Blätter werden gelb und braun. Das ist eine wahre Farbenpracht. Später fallen sie vom Baum.

Im Winter ist der Apfelbaum kahl. Er trägt keine Blätter. Schnee liegt auf den Ästen.

Hast du dir den Text auch gut vorgestellt?
Dann kreuze jetzt die richtigen Antworten an.

1. Wann blüht der Apfelbaum?
   a) im Frühling ☐
   b) im Sommer ☐

2. Wann fallen die Blätter vom Apfelbaum?
   a) im Winter ☐
   b) im Herbst ☐

3. Wann werden die meisten Apfelsorten geerntet?

   a) im Spätsommer und im Herbst ☐

   b) im Frühling ☐

4. Ordne die Buchstaben richtig zu.

   Zu welcher Jahreszeit gehören die Bäume?

   A = Frühling   C = Herbst

   B = Sommer   D = Winter

Im Meer

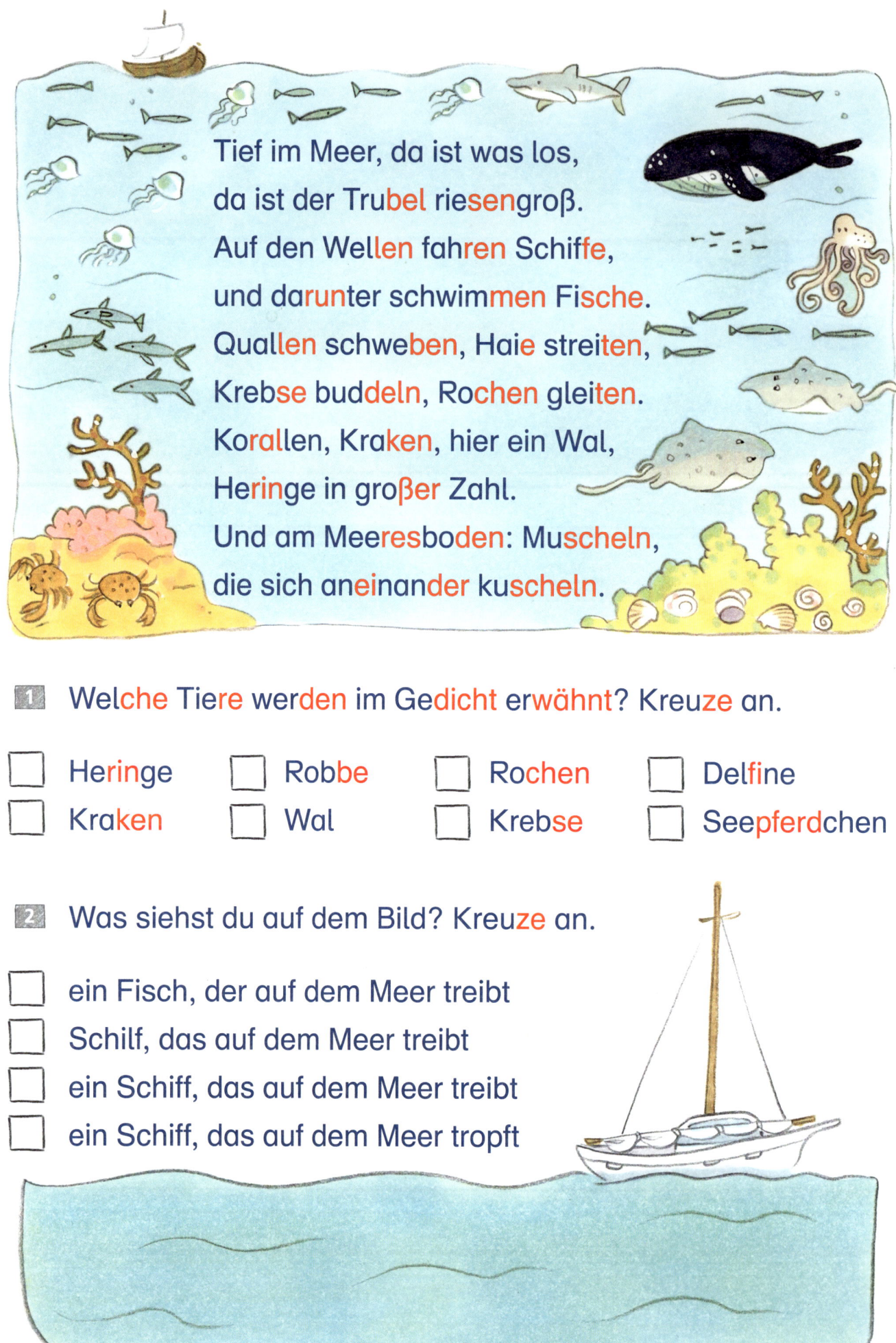

Tief im Meer, da ist was los,
da ist der Trubel riesengroß.
Auf den Wellen fahren Schiffe,
und darunter schwimmen Fische.
Quallen schweben, Haie streiten,
Krebse buddeln, Rochen gleiten.
Korallen, Kraken, hier ein Wal,
Heringe in großer Zahl.
Und am Meeresboden: Muscheln,
die sich aneinander kuscheln.

1 Welche Tiere werden im Gedicht erwähnt? Kreuze an.

☐ Heringe ☐ Robbe ☐ Rochen ☐ Delfine
☐ Kraken ☐ Wal ☐ Krebse ☐ Seepferdchen

2 Was siehst du auf dem Bild? Kreuze an.

☐ ein Fisch, der auf dem Meer treibt
☐ Schilf, das auf dem Meer treibt
☐ ein Schiff, das auf dem Meer treibt
☐ ein Schiff, das auf dem Meer tropft

3 Verbinde die Satzanfänge mit den richtigen Satzenden.

Im Meer gibt es		kuscheln sich Muscheln aneinander.
Auf den Wellen		Heringe in großer Zahl.
Am Meeresboden		schwimmen Fische.
Unter den Wellen		fahren Schiffe.

4 Zu jeder Aussage passt ein Bild. Ordne zu.

Bild Nr.

Auf den Meeren fahren große Ozeandampfer.

Zarah und Umut fahren gerne Tretboot.

Malte wünscht sich ein Schlauchboot von seinen Eltern.

Mit Segelbooten kann man auch auf dem See segeln.

5 In jedem Satz ist ein Wort zu viel. Streiche das überflüssige Wort durch.

Krebse buddeln gerne im Meeresboden herum auf.

Rochen gleiten durch zwischen das Wasser.

Im Meer gibt es eine große Zahl unter von Walen.

27

Im Riesenland

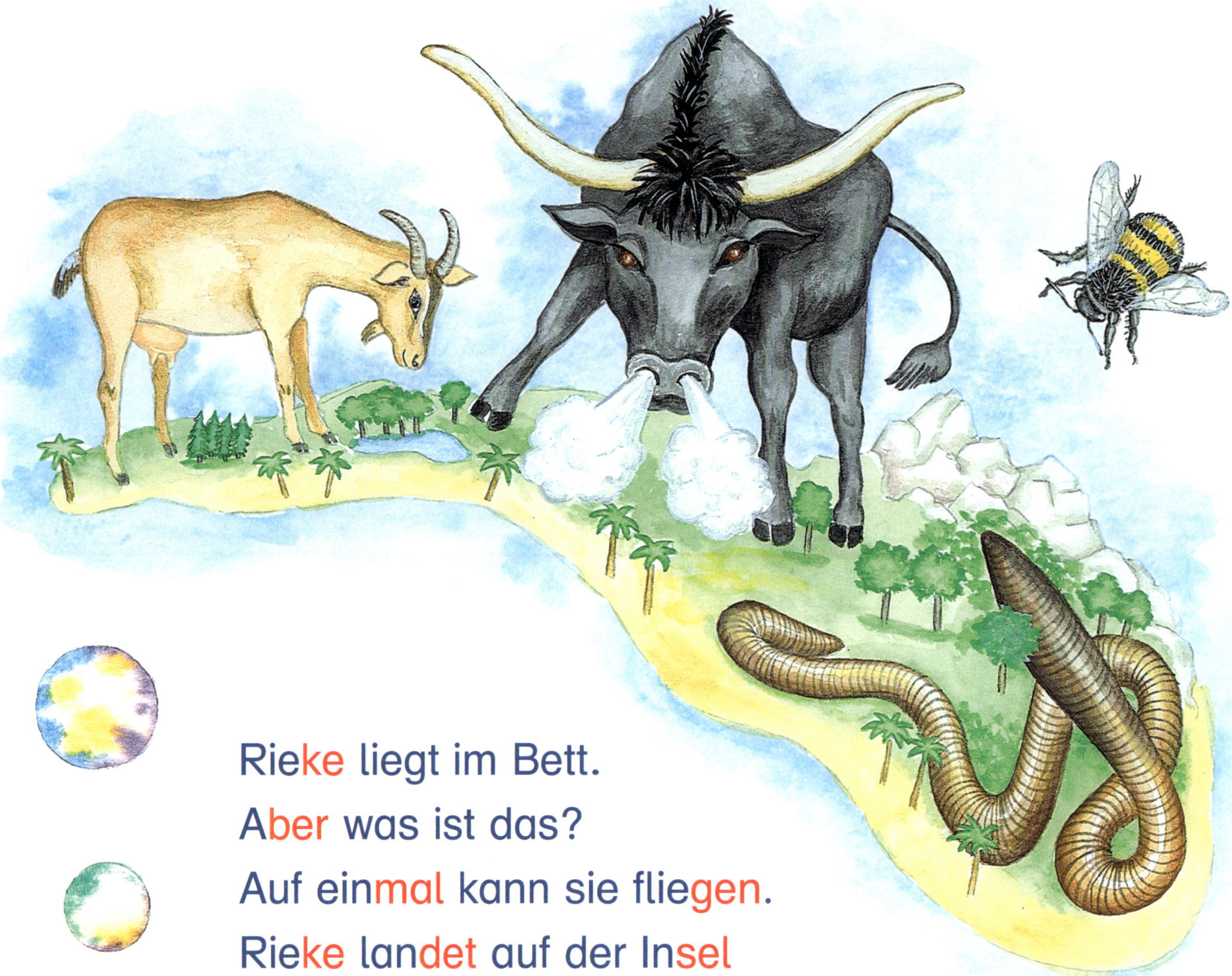

Rieke liegt im Bett.
Aber was ist das?
Auf einmal kann sie fliegen.
Rieke landet auf der Insel
des Riesen Riebu.
Was ist da los?

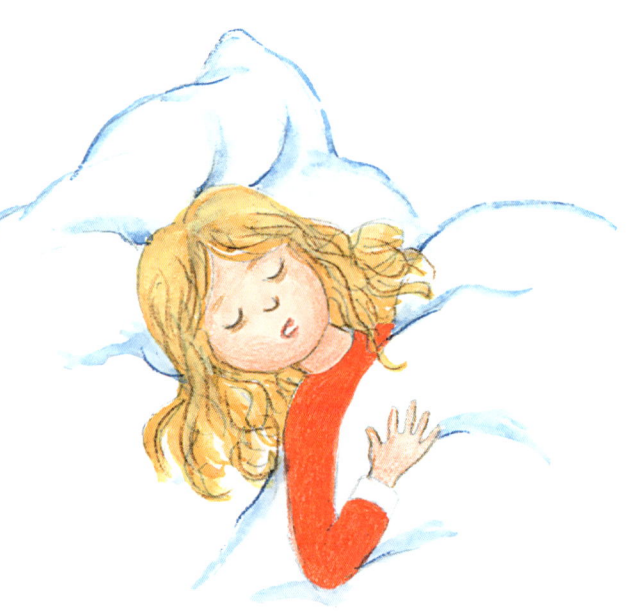

Auf einer grünen Wiese
sind riesige Tiere
mit Riesenhörnern,
Bienen und Fliegen
mit Riesenflügeln,
Regenwürmer
wie Riesenboas.

Riebu füttert die Tiere.
Er ist höher als ein Turm,
hat Augen wie Scheinwerfer,
Hände wie Baggerschaufeln
und Schuhe wie ein Fischerboot.

Frau Riebu schaukelt
das Riesenkind in der Wiege.
Es schreit laut.
Da rasselt der Wecker.
Es ist sieben Uhr.
Das war ein aufregender Traum.

Merke dir die Regel!

Kommt in der 1. Silbe nach dem Vokal noch ein weiterer Buchstabe, schreiben wir i, z. B. **Winter**.

Kommt kein weiterer Buchstabe, schreiben wir ie, z. B. **Spiegel**.

1 Schreibe die Wörter mit i.

W●nter   **Win_ter**   K●rche

B●rne   K●ste

F●lme   P●nsel

H●lfe   St●fte

2 Unterstreiche den Buchstaben nach dem Vokal in der 1. Silbe.

3 In der 1. Silbe kommt kein Buchstabe nach dem Vokal: Schreibe die Wörter mit ie.

Sp●gel   **Spiegel**   D●be

R●se   F●ber

L●be   Fl●ge

B●ne   L●der

4 i oder ie? Schreibe die Wörter richtig in die Lücken.

Es ist (W nter) **Winter** . Leni geht mit ihrer Freundin

Geschenke einkaufen. Leni (s ht) _____ für ihre Mutter

einen schönen (R ng) _____ .

Im (Sp gel) _____ (gl tzert) _____ er

am (F nger) _____ . Lisa will (l ber) _____

eine (Fl ge) _____ für ihren Vater kaufen.

Das wären schöne Geschenke!

5 i oder ie? Ergänze die fehlenden Buchstaben und verbinde.

Verspürt man bei F **ie** ber:

die L der

Wer sich selbst l bt, schaut oft hinein:

die H tze

Hängt nicht an einer L nde:

die B rne

Wenn man s ngt, braucht man sie:

der Sp gel

31

Die Frösche quaken

Eva und ihre Eltern leben
in einem alten Haus
mit einem großen Garten.
Evas Eltern haben einen
Gartenteich angelegt.
Aus einer Quelle fließt
frisches Wasser hinein.
Jeden Abend hört Eva
die Frösche quaken.

Eva kann viele Tiere
beobachten. Libellen
schwirren durch die Luft.
Goldfische schwimmen
im klaren Wasser. Frösche
schnappen nach Fliegen.

Laich   Kaulquappe   Frosch

Eva fragt: „Warum quaken die Frösche so laut?"
Vater erklärt: „Die Froschmännchen haben
zwei Schallblasen hinter den Mundwinkeln.
Mit diesen können sie laut quaken.
So locken sie die Weibchen an.

Wenn es wärmer wird,
legen die Weibchen sehr viele Froscheier.
Nach etwa drei Wochen
schlüpfen die Kaulquappen aus.
Später werden kleine Frösche daraus."

Frö sche qua ken

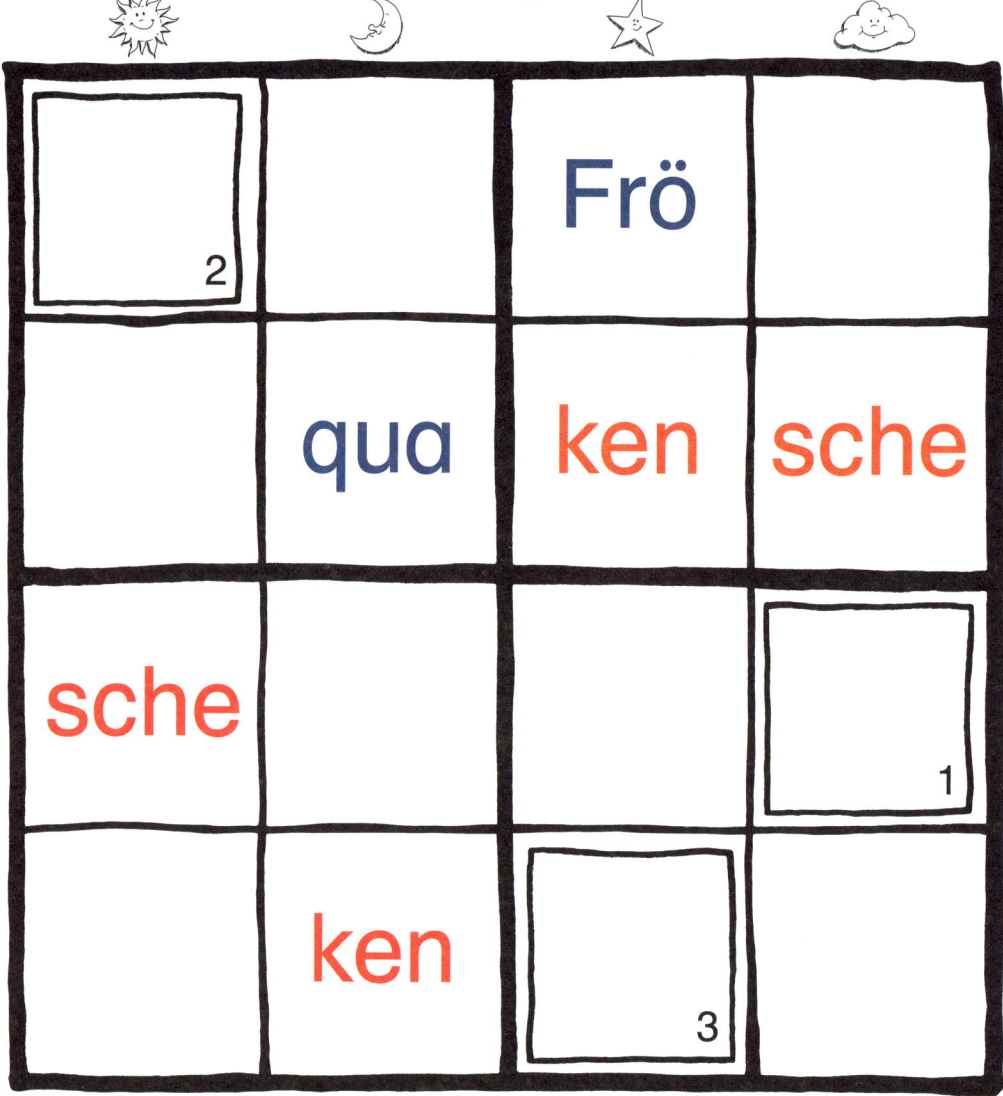

Lösungssatz:

Zwei Kra___ trin___ aus der
        1   2
gelben Fla___ .
           3

Ergänze das Bild:

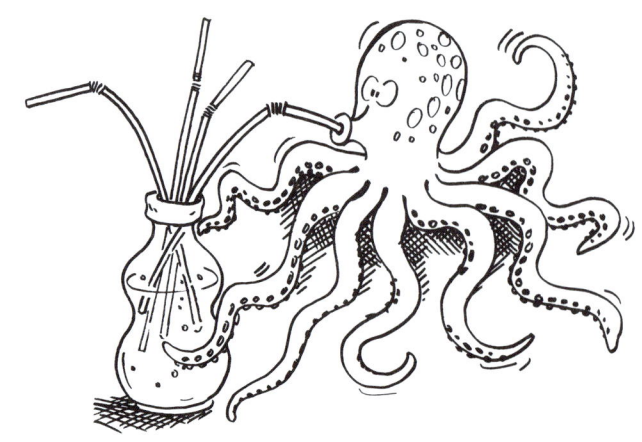

Anleitung Silben-Sudoku siehe S. 97.

An der Quel le wim meln Kaul quap pen .

Quel	le	pen		meln			Kaul	der
quap		meln	Kaul	An	le			pen
	An	Kaul	der	Quel	[1]	le	quap	meln
der	wim	quap	le	Kaul			pen	
[4]	Kaul		pen		meln		An	
	pen	An		quap	wim	Kaul	der	le
Kaul	meln	le		wim	der	pen	[3]	
An		meln	pen	Quel	der	le		
pen		[2]		le			wim	meln	An

Lösungssatz:

Drei Frösche schnap___ nach acht
1

Fliegen an ___ ___ ___ .
2   3   4

Ergänze das Bild:

Mogli bei den Wölfen

Vater und Mutter Wolf lebten
mit den Wolfskindern in einer Höhle.
Eines Tages hörten sie das Gebrüll des Tigers Schir Kan.
Vater Wolf sagte: „Alle Tiere wird er verjagen.“
Auf einmal raschelte es im Gebüsch.
Ein nackter, brauner Junge stand vor Vater Wolf.
Mutter Wolf hatte noch nie ein Menschenjunges gesehen
und sagte: „Bring es her!“ Der Junge hatte keine Angst.

Da kam der Tiger Schir Kan zur Höhle und brüllte:
„Das Menschenjunge gehört mir! Gebt es heraus!“
Mutter Wolf knurrte und zeigte ihre Zähne:
„Du bekommst das Menschenjunge nicht. Fort mit dir!“
Schir Kan wollte nicht kämpfen und zog knurrend ab.
Mutter Wolf nannte den Jungen Mogli,
weil er so nackt wie ein Frosch war.
Was wird das Rudel dazu sagen?

Als die Jungen richtig laufen
konnten, brachte Vater Wolf sie
zur Ratsversammlung. Der graue
Anführer Akela lag auf einem Felsen.
Am Boden kauerten 40 Wölfe des
Rudels. Da brüllte Schir Kan:
„Das Menschenjunge gehört mir!"
Akela sagte: „Sei still!"
Der Bär Balu stellte sich auf die
Hinterbeine und brummte:
„Ich bin für das Menschenjunge!"
Balu war der Lehrer der jungen Wölfe.
Akela fragte: „Wer ist noch für ihn?"
Der schwarze Panther Bagira sprang
in den Kreis und fauchte: „Ich bezahle
mit einem fetten Bullen für den Jungen."
Die hungrigen Wölfe waren einverstanden.
So wurde Mogli
in das Rudel aufgenommen.

Mogli holt das Feuer

Zehn Jahre lebte Mogli nun schon im Dschungel.

Vater Wolf lehrte ihn alles,

was ein Wolf wissen musste.

Balu zeigte ihm Nüsse und Honig.

Bagira brachte ihm das Klettern bei.

Mogli durfte auch an den Ratsversammlungen teilnehmen.

Oft zog er Dornen aus den Pfoten der Wölfe.

Manchmal schlich er in die Nähe der Dörfer und

beobachtete die Menschen in den Hütten.

Akela war alt und schwach geworden.

Schir Kan schloss Freundschaft

mit den Jungwölfen des Rudels.

Er teilte mit ihnen seine Beute und umschmeichelte sie.

Bagira warnte Mogli vor dem Tiger und den Wölfen:

„Kleiner Bruder, in der nächsten Ratsversammlung

werden sie dich töten. Laufe schnell zu den Hütten

der Menschen und hole Feuer.

Alle Tiere des Dschungels fürchten sich davor."

Mogli lachte und rannte zum Dorf.

In der Nacht sammelte er glühende Kohlen

in einem Topf.

In der Versammlung lag Akela vor dem Felsen.

Schir Kan schritt stolz auf und ab. Er brüllte:

„Akela ist alt und schwach. Gebt mir Mogli heraus.

Er war meine Beute von Anfang an."

Mehr als die Hälfte des Rudels heulte:

„Er ist nicht mehr unser Bruder.

Schir Kan soll unser Anführer sein!"

Bagira fauchte: „Jetzt müssen wir kämpfen."

Mogli warf den Feuertopf in das trockene Moos.

Die Flammen versetzten Schir Kan und seine Wölfe

in Angst und Schrecken.

Mogli nahm einen brennenden Ast

und schlug auf die Verräter ein. Zu Schir Kan sagte er:

„Das nächste Mal ziehe ich dir das Fell über die Ohren."

Den Wölfen rief er zu: „Fort mit euch!"

Nun war Mogli mit Bagira und seinen Brüdern allein.

Er weinte zum ersten Mal in seinem Leben.

Bagira sagte: „Verlasse den Dschungel.

Gehe zu den Menschen. Wir werden dich nie vergessen."

Mogli besiegt Schir Kan

In der Dämmerung erreichte Mogli das Dorf.
Die Menschen starrten ihn an. Der Priester sagte:
„Seht nur seine Narben an Armen und Beinen.
Das sind Wolfsbisse. Er ist ein Wolfskind."
Eine Bauersfrau nahm Mogli zu sich.
Sie lehrte ihn die Sprache der Menschen.

Manchmal kam nachts Graubruder aus dem Dschungel
und berichtete von Schir Kan.
Bald darauf wurde Mogli vom Dorfältesten
zum Büffelhirten bestimmt.
Stolz ritt er auf dem Leitbullen Rama.
Die Herde folgte ihm. Graubruder wartete schon auf sie.
Er sagte: „Schir Kan hat sich in die Schlucht begeben.
Ein ganzes Schwein hat er gefressen
und will sich ausruhen. Schau, Akela ist auch da.
Er wird uns helfen."

Sofort sprang Mogli auf Ramas Rücken

und ritt zur Schlucht.

Die beiden Wölfe trieben die Herde an.

Schon witterte Rama den Tiger.

In wilder Jagd brausten die Büffel auf Schir Kan zu.

Ein Pfau flog auf. Der Tiger wollte fliehen,

aber mit vollem Bauch war es unmöglich.

Die Herde stürmte über die Raubkatze hinweg.

Unter den donnernden Hufen fand Schir Kan den Tod.

Mogli nahm sein Messer und zog dem Tiger das Fell ab.

Das hatte er im Rat geschworen.

Rama schickte er mit der Herde ins Dorf zurück.

Er selbst trug das Fell zum Ratsfelsen und breitete es aus.

Akela legte sich darauf und rief das Rudel zusammen.

Mogli jubelte: „Schaut her, ich habe Schir Kan besiegt."

nach Rudyard Kipling

Mogli

1. Finde die 5 Namen und die 2 Wörter,
die im Suchsel versteckt sind.

S	C	H	I	R	K	A	N
H	I	B	A	L	U	O	K
U	B	A	G	I	R	A	W
A	K	E	L	A	J	P	O
A	B	Ü	F	F	E	L	L
T	E	W	Ö	L	F	E	G
I	N	O	M	O	G	L	I

Schir Kan

2. Lies die Sätze. Was ist richtig, was ist falsch?

Markiere die jeweiligen Buchstaben.

Sie ergeben die beiden Lösungswörter.

	richtig	falsch
Mogli lebte mit den Wölfen im Dschungel.	(d)	R
Schir Kan schloss Freundschaft mit Mogli.	g	e
Bagira bezahlte mit einem fetten Bullen.	r	a
Mogli holte Feuer aus dem Dorf.	S	f
Mogli zog zu den Menschen.	c	e
Er lernte die Sprache der Menschen.	h	d
Mogli wurde Büffelhirte.	l	t
Mogli kämpfte allein gegen Schir Kan.	l	u
Mogli zog dem Tiger das Fell ab.	c	i
Mogli brachte das Fell in das Dorf.	h	e
Akela legte sich auf das Tigerfell.	t	l

3. Lösung:

Mogli besiegte Schir Kan

in d _____ .

Oma fängt einen Vogel

Moni war sechs Jahre alt und Hannes war fünf.

Sie wünschten sich so sehr ein kleines Haustier:

ein Kätzchen, ein Hündchen oder zumindest ein Meerschweinchen.

Aber ihre Eltern erfüllten ihnen diesen Wunsch nicht.

Immer sagten sie: „Nein, wir möchten kein Haustier haben."

„Was machen wir mit dem Tier, wenn wir in Urlaub fahren?"

„Aus Hündchen werden Hunde, aus Kätzchen werden Katzen –

die Tiere werden zu groß für unsere kleine Wohnung."

So blieben Moni und Hannes ohne Hund, ohne Katze und

ohne irgendein anderes Haustier bis zu dem Tag,

an dem ihre Oma den Nari fing.

Die Kinder waren übers Wochenende bei ihrer Oma zu Besuch.

Morgens spielten sie im Zimmer oder auf dem Hof,

aber jeden Nachmittag machten sie einen Ausflug.

Sie gingen entweder auf den Spielplatz zur Rutschbahn oder

zum Bach und fütterten Enten.

An diesem Tag machten sie einen Spaziergang über die Felder
und nahmen die Cousine Maxi im Kinderwagen mit.
Wie sie so gemütlich an einem Maisfeld vorbeispazierten,
blieb die Oma plötzlich stehen.
„Psst, schaut mal dahin", flüsterte sie und zeigte ins Maisfeld.
„Schaut, da am Rand sitzt ein kleines gelbes Vögelchen."
Hannes und Moni reckten den Hals: „Wo? Wo?"

Etwas Gelbes flatterte kurz auf.
Jetzt sahen sie den kleinen Vogel.
Seine Federn leuchteten gelb und orange,
nur die Flügelspitzen waren dunkel umrandet.
„Oh, ist der aber schön!", riefen die Kinder,
so leise sie konnten, und beugten sich vor,
um ihn besser zu sehen.
„Das ist ein Kanarienvogel",
flüsterte Oma und nahm schnell
ein Tuch aus dem Kinderwagen.
„Den fangen wir.
Im Freien kann er
nicht überleben."

Geschickt warf sie das Tuch über den Vogel
und hob das Tier damit vorsichtig auf.
Moni und Hannes waren ganz aufgeregt:
„Einen Kanarienvogel haben wir, einen Kanari, einen Nari –
der kann singen!"
Die beiden Kinder lachten und hüpften vor Freude.

Die Oma ermahnte die beiden: „Seid ganz ruhig,
wir wollen den kleinen Vogel nicht noch mehr erschrecken."
Ganz leise und lieb gab sie das Tuch mit dem Vogel in Monis Hände.
„Nicht drücken!", sagte sie. Doch Moni war zu aufgeregt und
der Vogel flatterte im Tuch. Da nahm die Oma den Vogel,
Moni und Hannes schoben den Kinderwagen mit Maxi.

Zu Hause erhielt der Kanarienvogel einen kleinen Vogelkäfig.
Den hatte Tante Mathilde von nebenan noch im Keller.
Moni und Hannes holten ein paar Salatblätter aus dem Garten,
und Oma füllte inzwischen eine kleine Schale mit Wasser.
So konnte sich der hübsche Kanarienvogel richtig wohlfühlen.

Aber plötzlich fingen die beiden Kinder an zu jammern.
„Ach je", seufzten sie, und Moni sagte:
„Nie, nie können wir den Vogel mit nach Hause nehmen.
Der Papa mag keine Tiere und die Mama auch nicht. Ach, Oma."
„Dieser Nari ist doch so lustig und so klein", sagte Hannes,
„der macht ja keinen Ärger. Nicht wahr, Oma?"

Die Eltern kamen und holten Moni und Hannes wieder nach Hause.
Der Kanarienvogel war mit dabei – wo sollte er auch sonst hin.

Oma gab im Gemeindeblatt die Anzeige auf,
dass ein Kanarienvogel gefunden worden sei.
Aber niemand meldete sich.
So blieb der kleine Kanarienvogel bei Moni und Hannes.
Der Käfig stand in der Küche auf der breiten Fensterbank.

Wenn man leise mit ihm sprach,
antwortete er oft mit Hüpfen und leichtem Piepsen.
Wenn Salat gewaschen wurde und Wasser plätscherte,
reckte er den Hals und hüpfte aufgeregt auf der Stange hin und
her. Er freute sich schon auf sein Salatblatt.
Einen besonderen Freund hatte er auch in der Küche:
den Mikrowellenherd.
Wenn der vierfache Piepston das Ende der Heizzeit anzeigte,
piepste er viermal ein deutliches, langes „Piep!" als Antwort.

Und was war mit den Eltern,
die kein Haustier haben wollten?
Schon bald kaufte der Vater
einen großen neuen Käfig
mit Badehaus.

Der Nari sollte es doch gut haben.
Als Streu auf den Käfigboden kaufte er richtigen Vogelsand.
Natürlich erhielt der Kanarienvogel Nari das beste Vogelfutter und
eine Sepiaschale, an der er den Schnabel wetzen konnte.
Die Eltern kauften ein Heft über die Pflege von Kanarienvögeln.
Darin lasen die Kinder, dass sie gern
die Samen der Vogelmiere picken.
Diese Pflanze kannten die Kinder
als Unkraut im Garten.
Nun aber war es kein Unkraut mehr,
sondern eine willkommene Pflanze
und ein richtiger Leckerbissen
für den Kanarienvogel Nari.

Oft hörte man den Nari
schon von weitem,
denn er sang laut und schön.
Ja, man konnte sagen,
er schmetterte seine Melodien
weit hinaus in die Welt.

Vogelarten für zu Hause

Diese Vogelarten werden oft im Käfig gehalten.

Wellensittich

Zebrafink

Kanarienvogel

1. Male die Vögel an.

Tipp: Wellensittiche sind gelb, hellblau oder hellgrün. Zebrafinken haben einen roten Schnabel, ein schwarz-weißes Köpfchen und einen hellen Bauch. Den Kanarienvogel kennst du aus der Geschichte ab Seite 44.

2. Was brauchen die Vögel, damit sie sich wohlfühlen? In der Geschichte findest du viele Hinweise. Wähle zwei aus und schreibe jeweils einen Satz.

Das wundersame Baumhaus

Mio ist häufig bei seinem Opa zu Besuch.

Opa hat einen großen Garten.

Wie so oft steht Mio unter der alten Linde.

Er schaut hinauf zu dem Baumhaus,

das hoch oben zwischen den starken

Astgabeln der alten Linde liegt.

Mio fragt seinen Opa: „Wem gehört das Baumhaus dort oben?"

„Das Baumhaus habe ich vor vielen Jahren für deinen Vater gebaut,

als der noch ein kleiner Junge war", antwortet Opa.

Mio bittet: „Darf ich mir das Baumhaus einmal näher ansehen?"

Aber Opa meint zögernd: „Das ist zu gefährlich, denn die Bretter

sind alt und morsch."

„Vielleicht können wir das Baumhaus ausbessern", schlägt Mio vor.

Opa findet die Idee wirklich gut. Auch Vater will bei den Arbeiten

am Baumhaus helfen.

Zuerst bastelt Vater eine stabile Strickleiter.

Opa sägt einige neue Bretter und Latten auf das richtige Maß.

Er bittet Mio: „Halte die Bretter fest, während ich säge,

damit sie mir nicht wegrutschen!"

Vater bessert inzwischen das undichte Dach aus.

Dann ruft er: „Ihr könnt mir nun die Bretter heraufreichen.

Ich werde sie festnageln!"

Zum Schluss stehen alle drei

vor dem Baumhaus.

Mio jubelt: „Das Baumhaus ist

wunderschön geworden. Danke!"

„Aber?", fragt Vater. „Du hast noch

einen Wunsch. Das sehe ich."

„Ach", meint Mio, „ich wünsche mir

schon lange eine Hängematte.

Eine Hängematte im Baumhaus.

Das ist mein Traum."

„Habe ich es doch geahnt", sagt Vater lächelnd. Er zeigt hinter sich auf ein Paket. „Du darfst das Paket öffnen", fordert er Mio auf. Mio umarmt vor Freude seinen Vater, als er die Hängematte sieht. Vater hat schon die Haken an den Wänden angebracht. Dort befestigen sie die Hängematte.

Nun gehört das Baumhaus Mio.
Mio verbringt hier viele Stunden.
Immer hat er auch seinen
kuscheligen Koala bei sich.
Er heißt Koa.

Wenn der Wind durch die Zweige fegt,
spürt Mio, wie sein Baumhaus sanft hin und her schaukelt.
Er hört, wie die Regentropfen auf das Dach trommeln.
Aufmerksam lauscht er den Vogelstimmen. Viele Vögel kann er
bereits an ihren Stimmen erkennen.

Im Frühling riecht er den süßen Duft der Lindenblüten.
Dieser Duft erinnert ihn an den milden, süßen Geschmack
des Lindenblütenhonigs. Wenn die Linde blüht, beobachtet Mio
die Bienen und Hummeln. Unermüdlich fliegen sie hin und her,
saugen den Blütennektar auf und tragen ihn fort.
Manchmal kann er auch ein Eichhörnchen bewundern.
In weiten Sprüngen scheint es von Ast zu Ast zu fliegen.

Seit Mio nun selbst lesen kann, leiht er sich spannende Bücher
in der Stadtbücherei aus. Dann liegt er in seinem Baumhaus
auf einer Decke oder in seiner Hängematte und liest.
Seinen kuscheligen Koala hält er dabei meistens im Arm.
Wenn er seine Ruhe haben will, zieht er noch die Strickleiter hoch.

Ein Abenteuer in Australien

An einem heißen Sommertag geschieht etwas Wundersames.
Mio liest gerade eine spannende Geschichte über Australien
und liegt bequem in seiner Hängematte.
Er spürt beinahe die drückende, schwüle und feuchte Luft,
die im australischen Sommer in den Eukalyptuswäldern herrscht.
Er wird schläfrig und sein Kopf sinkt auf sein Kuscheltier.

„Komm mit mir!", ruft Koa und zieht Mio mit sich fort.
„Wo sind wir denn?", fragt Mio erstaunt.
Niemals zuvor hatte er Koa sprechen gehört.
„Wir sind in meiner Heimat. Wir sind im Nationalpark
von Australien, im Koalapark", jubelt Koa.
„Jetzt will ich dir die Koalas zeigen."

Mio schwitzt fürchterlich und
der Durst quält ihn sehr,
aber neugierig folgt er Koa.
Koa führt ihn auf schmalen Wegen
durch den Eukalyptuswald.
Kängurus kreuzen ihre Pfade.
Vögel singen in den Baumkronen.

„Wo sind denn nun die Koalas?",
fragt Mio ungeduldig.
„Schau mal nach oben!", ruft Koa.
„Ein Koala schläft in der Astgabel
eines Eukalyptusbaumes."

„Weißt du", erklärt ihm Koa, „am Tage schlafen die Koalas,

aber in der Nacht werden sie munter. Dann spielen und fressen sie."

„Warum leben die Koalas gerade in Eukalyptuswäldern?",

will Mio wissen.

„Nun ja, was meinst du?", lacht Koa und erklärt:

„Die Koalas ernähren sich ausschließlich von Eukalyptusblättern."

„Ach, deshalb leben in unseren Wäldern keine Koalas", sagt Mio

und überlegt weiter: „Nur im Zoo können wir sie beobachten.

Dort bekommen sie, was sie zum Leben brauchen."

„Ja, und noch etwas solltest du wissen", erklärt Koa seinem Freund,

„auch die nötige Flüssigkeit bekommen Koalas fast nur

aus den Blättern des Eukalyptusbaumes. Ein Koala trinkt nur,

wenn er krank ist oder wenn die Eukalyptusblätter nicht genug

Saft enthalten."

Unerwartet begegnen ihnen zwei Jungen.

Einer von ihnen trägt einen Koala, der sich in seinen Arm kuschelt.

„Na, so etwas", staunen Mio und Koa.

Sie wissen, dass Koalas den Menschen aus dem Wege gehen.

Nicht weniger erstaunt sind die beiden Jungen.

Sie fragen: „He, wohin willst du denn mit deinem Kuscheltier?"

Mio lacht: „Das gleiche könnte ich euch fragen, denn ihr habt ja

auch ein Kuscheltier." Da müssen alle drei Jungen lachen.

Mio sagt: „Das ist Koa und er kann sprechen.

Kann euer Kuscheltier vielleicht auch sprechen?"

„Nein, natürlich nicht", rufen die beiden Jungen staunend.

„Ich bin übrigens Paul und das ist mein Bruder Ben", sagt Paul.

„Unser Koala hat aber auch einen Namen. Er heißt Arthur",

erklärt Ben und krault seinen Koala. Dann erzählt er weiter:

„Wir haben mit diesem Koala Freundschaft geschlossen.

Wie die anderen Tiere lebt er frei im Park, aber er kommt uns

häufig besuchen."

„Wisst ihr", meint Koa, „ich möchte mit meinem Freund Mio

die Koalas beobachten."

„Na, dann kommt erst einmal mit und wartet ab, bis es Nacht wird",

meint Paul. Die Brüder laden Mio und Koa zu sich nach Hause ein.

Auf dem Wege erzählt Paul:
„Unser Vater ist der Parkdirektor.
Wir dürfen ihn heute Nacht
auf seinem Kontrollgang
durch die Eukalyptuswälder
bestimmt begleiten.
Wir sorgen uns nämlich
um die Koalas.
Tierdiebe fangen Koalas ein
und verkaufen sie im Ausland.
Koalas dürfen aber nur
mit besonderer Erlaubnis
ins Ausland gebracht werden.
Koalas gehören zu den
bedrohten Tierarten und
sind deshalb geschützt."

Als die Jungen sich dem Haus nähern, springt der Koala
aus Bens Armen. Er läuft zu dem Schaukelstuhl auf der Veranda.
Dort im Schatten macht er es sich bequem. Nun tut er das,
was Koalas am Tage am liebsten tun. Er schließt die Augen und
schläft ein. Koa setzt sich neben Arthur auf die Erde.
Mio geht mit Paul und Ben ins Haus. Dort ist es angenehm kühl,
weil die Klimaanlage eingeschaltet ist.

Der Parkdirektor und seine Frau begrüßen Mio.
Sie fragen nicht, woher er kommt, denn sie sind es gewöhnt,
dass Touristen den Koalapark besuchen.

Mio hat furchtbaren Durst. Aber bevor er um ein Getränk bitten kann,

stürmt Koa in den Raum herein und schreit:

„Hilfe, Hilfe! Zwei Männer haben euren Arthur entführt!"

Mio nimmt Koa rasch auf den Arm, drückt ihn an sich und lobt ihn:

„Wie gut, dass du uns gleich gerufen hast!"

Alle sind entsetzt und reden aufgeregt durcheinander.

Der Parkdirektor mahnt: „Seid erst einmal ruhig. Wir werden

die Diebe finden." Er überlegt laut: „Wohin könnten sie fliehen?

Zuerst müssen sie die Eukalyptuswälder durchqueren.

Der Hafen ist dann nicht mehr weit. Vielleicht liegt dort ein Boot,

mit dem sie entkommen wollen."

Die Kinder möchten unbedingt mitgehen und suchen helfen.

Aber der Parkdirektor meint: „Das ist viel zu gefährlich.

Ich nehme einen Gehilfen mit." Aber schließlich stimmt er doch zu,

dass auch die Kinder ihn begleiten.

Nun eilen sie möglichst geräuschlos durch die Eukalyptuswälder.

Zum Glück kann Koa die anderen Tiere verstehen.

Ein Känguru erzählt ihm, wohin die Verbrecher gelaufen sind.

Das Känguru springt voran und alle stürmen hinter ihm her.

„Da sind sie!", ruft Mio plötzlich. „Haltet die Diebe!"

Die beiden Männer schneiden den Verbrechern den Weg ab und
die Kinder treiben die Diebe vor sich her in die Arme der Männer.

„Au!", schreit einer der Diebe. „Der Koala hat mich gebissen."

Alle stürzen sich auf die Diebe, die sich heftig wehren.

Aber die Diebe werden gefesselt und der Koala wird befreit.

Glücklich nimmt Ben seinen Arthur auf den Arm. Er flüstert:

„Armer Arthur, du brauchst keine Angst mehr zu haben."

Die Kinder drängen sich an Arthur und streicheln ihn.

Da bemerkt Mio, dass einer der Diebe fliehen will.

Mio stürzt sich auf ihn, um ihn festzuhalten.

Er bekommt einen heftigen Schlag auf den Kopf und

schreit vor Schmerz auf.

Er reibt sich die schmerzende Stelle und
schaut sich verwundert um.

Er liegt nämlich in seinem Baumhaus auf dem Boden.
Mio ist aus der Hängematte gefallen.
Sein Kuscheltier hält er noch fest im Arm.
Täuscht er sich oder hat Koa ihm eben wirklich zugezwinkert?

„Na, so etwas Seltsames habe ich ja noch nie erlebt", staunt Mio.
„Habe ich geträumt oder habe ich das alles wirklich erlebt?"

„Am Abend werde ich den Eltern von meinem Abenteuer erzählen",
sagt er zu Koa und fügt hinzu: „Die werden mir sicher nicht glauben,
dass du sprechen kannst."
Dann aber überlegt er: „Soll ich meinen Eltern überhaupt etwas
von meinem Erlebnis erzählen?"

Teste dein Wissen

Was ist richtig? – Was ist falsch?

Kreuze in der Tabelle an.

	richtig	falsch
1) Koalas schlafen am Tage.		
2) Koalas sind in der Nacht munter. Dann spielen und fressen sie.		
3) Koalas ernähren sich von kleinen Tieren, die sie in der Nacht jagen.		
4) Koalas fressen die Blätter von allen Laubbäumen.		
5) Koalas fressen nur die Blätter von Eukalyptusbäumen. Deshalb leben sie in den Eukalyptuswäldern Australiens.		
6) Koalas trinken viel Wasser, weil sie immer Durst haben.		
7) Koalas bekommen die notwendige Flüssigkeit fast nur aus den Blättern des Eukalyptusbaumes.		
8) Ein Koala trinkt nur, wenn er krank ist oder die Blätter zu trocken sind.		
9) Ein Koala trinkt nur, wenn er vom Spielen und Fressen durstig geworden ist.		
10) Koalas leben in allen Ländern auf unserer Erde.		
11) Koalas gehören zu den bedrohten Tierarten und werden deshalb geschützt.		
12) Tierdiebe versuchen immer wieder, Koalas aus Australien zu entführen. Sie wollen die Koalas in anderen Ländern verkaufen, weil sie viel Geld dafür bekommen.		

Es gibt sieben richtige und fünf falsche Sätze.

Der Rotfuchs

Der Fuchs hat eine große Ähnlichkeit mit dem Hund
und gehört zur Familie der Wildhunde.

Sein Fell ist rotbraun.

Er hat spitze Ohren und einen buschigen Schwanz.

Die Füchsin kümmert sich um die Behausung.

Sie gräbt mit ihren Krallen einen Bau
mit mehreren Ausgängen in die Erde.

Hier schlafen die Füchse am Tag.

Wenn die Sonne untergeht,

machen sie sich auf die Suche

nach Nahrung.

Im Frühjahr bringt die Füchsin 4 bis 6 Junge zur Welt.

Die Fuchswelpen sind am Anfang blind und haben ein wolliges Fell.

Nach 12 bis 14 Tagen öffnen sie ihre Augen.

Ungefähr 4 Wochen werden sie von der Fuchsmutter gesäugt.

Danach erhalten sie vorgekaute Nahrung.

Wenn sie etwas größer sind,

ernähren sie sich

von kleinen Beutetieren wie Mäusen

und Feldhamstern.

Ausgewachsene Füchse jagen

Kaninchen, Rebhühner

und Feldhasen.

Sie fressen auch Früchte wie süße Kirschen und Pflaumen.

Vogeleier und Insekten stehen ebenfalls auf ihrem Speiseplan.

Der Fuchs hat aber auch Feinde.

Der Steinadler in den Alpen kann ausgewachsene Füchse schlagen.

Der Uhu in unseren Wäldern erbeutet gerne Jungfüchse.

Viele Füchse werden nachts von Autos überfahren.

Fragen zum Rotfuchs

1. Kreuze an: Der Fuchs hat Ähnlichkeit mit …

   einem Waschbären. ☐   einem Hund. ☐   einem Dachs. ☐

2. Wer gräbt den Fuchsbau? Kreuze an.

   die Fuchsmutter ☐   der Fuchsvater ☐

3. Wann öffnen Fuchsbabys ihre Augen? Kreuze an.

   nach 4 Tagen ☐   nach 2 Wochen ☐   nach 4 Wochen ☐

4. Was fressen Füchse?

   _____

   _____

   _____

   _____

5. Welche Feinde hat der Fuchs? Kreuze an.

   Waschbär ☐   Uhu ☐   Dachs ☐   Steinadler ☐   Hund ☐

6. Kreuze an.

	stimmt	stimmt nicht
Ein Fuchsbau hat einen Eingang.	☐	☐
Die Füchsin bekommt 5 Junge.	☐	☐
Den Text „Der Rotfuchs" findest du in einem Märchenbuch.	☐	☐
Die Fuchswelpen werden 4 Wochen gesäugt.	☐	☐
Der Fuchs frisst Gänse.	☐	☐
Viele Füchse sterben im Straßenverkehr.	☐	☐

Im Herbst

Lies die Geschichte jemandem vor.
Die Zeit wird gestoppt.

Die [Blätter] fallen von den [Bäumen]. Anna schaut einem [Eichhörnchen] zu, wie es eine [Nuss] frisst. Ein [Igel] läuft über die [Straße]. Da kommt ein [Auto]. Der [Igel] hat es gerade noch geschafft. Anna freut sich. Über ihr schwebt ein lustiger [Drachen] in der Luft. Der [Wind] bläst den [Drachen] immer höher hinauf. [Vögel] fliegen nahe an ihm vorüber. Sie ziehen sicher in den warmen [Süden]. „Oh, es ist schon [12] Uhr. Ich muss schnell heim. Mutti wartet sicher schon auf mich. Sie freut sich bestimmt über die [Nüsse] ", denkt Anna.

Zeit

30 – 40 Sekunden	=	sehr gut
1 Minute	=	gut
2 Minuten	=	Das kannst du noch verbessern.
mehr als 2 Minuten	=	Übe! Übe! Übe!

Deine Zeit: _____

65

Das Delfinmädchen

„Heute machen wir einen Ausflug zum Delfinstrand!",
schlug Mutter vor. „Der ist nicht weit von hier.
Was haltet ihr davon?"
„Prima!", jubelten Irene und Peter.
Nur ihre Schwester Maria jubelte nicht.
Sie war behindert.
Sie konnte nur mit Krücken laufen.

Es war schwierig, sich mit ihr zu unterhalten,
denn Maria konnte nur wenige Worte sprechen,
obwohl sie schon sechs Jahre alt war.
Ihre Mutter, ihr Vater und ihre Geschwister mussten
den ganzen Tag gut auf sie aufpassen.

„Delfine", sagte Vater zu Maria, „sind große freundliche Tiere,

die im Meer leben. Hier gibt es eine Bucht, wo sie fast

bis zum Strand kommen. Manchmal spielen sie sogar mit Kindern.

Dorthin fahren wir heute. Willst du die Delfine sehen?"

Maria nickte. Sie freute sich, wenn alle anderen glücklich waren.

Und sie liebte es, im Wasser zu planschen.

Da brauchte sie keine Krücken.

Der Delfinstrand war eigentlich nicht weit weg vom Hotel,

wo die Kinder mit ihren Eltern Urlaub machten.

Aber sie mussten trotzdem mit dem Wagen fahren,

weil Maria ja nicht so weit laufen konnte.

Vom Parkplatz aus trug Vater Maria auf den Schultern,

denn der Sand war zu weich für die Krücken.

Irene und Peter liefen schon voraus. Der Strand war umzäunt.

Sie mussten Eintritt bezahlen und einem Führer folgen.

Während er voranging, erklärte er: „Delfine sind Wildtiere.

Hier bei uns kommen sie freiwillig in die Nähe des Menschen.

Im Wasser gibt es keine Gitter. Die Delfine sind nicht eingesperrt.

Sie können kommen und ins offene Meer wegschwimmen,

ganz wie sie wollen. Wenn zu viele Menschen im Wasser sind

oder wenn es zu laut zugeht, lassen sie sich nicht blicken.

Die Kinder sollten besser nicht herumtoben!"

„Habt ihr gehört?", fragte Mutter.

Alle mussten Schwimmwesten anziehen.

Dann durften sie und die anderen Gäste in ein Boot klettern.

Doch Maria wollte nicht. Sie weinte leise.

Wahrscheinlich hatte sie Angst vor einer Fahrt mit dem Boot.

„Ihr könnt ruhig fahren", sagte Vater.

„Maria und ich bleiben am Strand!"

Das Boot tuckerte langsam auf das Meer hinaus.

Es war ruhig und klar. Vater watete mit Maria auf den Schultern

ins hüfttiefe Wasser, ließ sie von seinen Schultern gleiten

und hielt sie an der Schwimmweste fest.

Draußen im Boot standen Irene und Peter

und guckten auf das Meer.

„Ich sehe keinen Delfin!", rief Peter enttäuscht.

„Psst!", flüsterte Irene. „Du vertreibst sie ja!"

Da entdeckten sie eine Flosse und dann

steckte ein Delfin seinen Kopf aus dem Wasser.

Alle Fahrgäste hielten den Atem an.

Es waren vier Tiere. Die Delfine kamen näher.

Der Fremdenführer warf ihnen Fische zu und

die Delfine schnappten sich die Leckerbissen aus der Luft.

„Wie schade, dass Maria nicht dabei sein kann!",

sagte Irene. Sie blickte zum Strand zurück,

wo Vater und Maria im Wasser planschten.

„Sieh mal, Mama", rief Peter. „Einer der Delfine besucht Maria!"

Und tatsächlich. Einer der Delfine schwamm auf Maria zu.

Sie hörte sofort auf zu planschen.

„Du musst keine Angst haben", flüsterte Vater.

„Sieh mal, das ist ein freundlicher Delfin.

Er will dich kennenlernen."

Der Delfin war nur noch wenige Meter entfernt.

Er streckte den Kopf aus dem Wasser und schaute Maria an.

Dann war er einen Moment lang verschwunden

und tauchte erst knapp vor Maria und ihrem Vater wieder auf.

Er schnatterte. Maria starrte ihn wie gebannt an.

Doch sie hatte keine Angst, denn Vater hielt sie fest.

„Wahrscheinlich will er einen Fisch von uns", sagte Vater.

„Wir haben aber keinen!" Der Delfin wollte keinen Fisch haben.

Er war bloß neugierig und er wollte mit Maria spielen.

Jetzt stupste er sie mit der Schnauze an den Füßen an.

Maria zögerte. Dann stupste sie zurück.

Der Delfin schnatterte und Maria kicherte.

Dann streckte sie die Hand aus und streichelte den Delfin

am Rücken. Seine Haut fühlte sich glatt und weich an.

Maria wurde immer mutiger. Sie traute sich sogar,
seine Rückenflosse anzufassen. Der Delfin schwamm etwas weiter.
Dabei zog er Maria ein Stück mit. Das Mädchen strampelte
und strahlte vor Freude. Es wollte gar nicht aufhören,
mit dem Delfin zu spielen. Doch nun kam das Boot zurück.
Der Delfin brachte Maria wieder in Vaters Nähe
und schwamm dann wieder zu seinen Gefährten.

Als sie zum Hotel fuhren, sagte Irene zu Peter:
„Findest du nicht, dass wir eine tolle Schwester haben?
Sie kann nicht so gut laufen.
Dafür kann sie mit einem Delfin spielen."
„Kommen wir morgen wieder?", fragte Peter.
„Dann fahre ich nicht mit dem Boot,
sondern bleibe bei dem Delfin und Maria.

Norbert Landa

1. In jedem Satz fehlt ein Wort. Du findest es im Text in der Geschichte.
   Schreibe es in die dazugehörigen Kästchen.
   Senkrecht ergibt sich ein Lösungswort.

① Willst du die … sehen?
② Da brauchte sie keine …
③ Irene und Peter … schon voraus.
④ Sie mussten Eintritt bezahlen und einem Führer …
⑤ „Delfine sind …"
⑥ „Delfine sind nicht …"
⑦ Wahrscheinlich hatte sie … vor einer Fahrt mit dem Boot.
⑧ Das Boot … langsam auf das Meer hinaus.
⑨ Alle … hielten den Atem an.
⑩ „Einer der Delfine … Maria!"
⑪ Sie hörte sofort auf zu …
⑫ „Er will dich …"

2. Lösung: Eine Gruppe von Delfinen nennt man:

Steckbrief Delfine

Lebensraum:	Sie leben im Meer.
Lungenatmung:	In regelmäßigen Abständen tauchen sie auf, um an der Wasseroberfläche durch das Blasloch zu atmen.
Fortpflanzung:	Sie gebären lebende Jungen, die mit Muttermilch gesäugt werden.
Körpertemperatur:	Sie haben immer die gleiche Körpertemperatur. Sie sind Warmblüter. Eine dicke Fettschicht schützt sie vor der Kälte.
Haut:	Die Haut fühlt sich seidig an und ist mit einem Gleitfilm bedeckt.
Fortbewegung:	Die Schwanzflosse wird auf und ab bewegt.
Besonderheit:	Delfine können Klick-Laute aussenden. Die Schallwellen kommen als Echo zurück. So können sich Delfine untereinander verständigen oder ihre Nahrung suchen.

Was gefällt dir an Delfinen am besten?

„Auf dem Dachboden spukt's!", sagte Tim beim Frühstück.

„Hundertprozentig, Papa."

„Unsinn", sagte Papa, ohne die Zeitung wegzulegen.

„Gespenster brauchen Dreck:

Mäusekötel, Spinnen und so was.

Gibt es davon irgendwas auf unserem Dachboden?"

„Nee!", murmelte Tim.

„Nur kistenweise Langeweile."

Trotzdem. Irgendwas hüpft und poltert da oben herum.

Tim suchte den ganzen Dachboden ab. Nichts.

„Du musst nachts raufgehen", sagte sein Freund Harry.

„Gespenster sieht man nur nachts, das weiß doch jeder."

Mitkommen wollte er aber nicht.

Also schlich Tim eines Nachts, als das Scharren und
Trippeln besonders laut war, allein die Bodentreppe rauf,
mit einer Taschenlampe und seiner Wasserpistole.
Gespenster mochten bestimmt kein Wasser.

Vorsichtig, ganz vorsichtig öffnete er die Tür.
Pechschwarz war es dahinter,
aber in der Dunkelheit tanzten schimmernde,
kleine Gestalten, kaum größer als Kaninchen.
Wie Menschen aus Mondlicht sahen sie aus.
Ihre raschelnden Kleider, ihr wehendes Haar,
alles leuchtete silbrig.

Tim fiel vor Schreck die Wasserpistole aus der Hand.

Die kleinen, bleichen Gestalten fuhren auseinander,

als wäre der Wind zwischen sie gefahren.

Nur einer blieb stehen, ein Kerl in Kniebundhosen

und Rüschenhemd, nicht länger als ein Bleistift.

„Was willst du?", rief er mit hohler Stimme,

zog seinen Degen und schwebte auf Tim zu.

„Willst du deine schwarze Seele an unserem Unglück weiden?"

„Wa-was?", stammelte Tim.

Alle starrten sie ihn an, mit ihren mondbleichen Gesichtern.

„Das ist der Kleinste von ihnen!", wisperte eine Frau

in einem langen, bauschigen Kleid.

„Der Spinnenjäger ist viel größer!"

„Die Abstauberin auch!", flüsterte eine andere,

die ein genauso komisches Kleid trug.

„Wer weiß, Edmund?" Sie lachten leise.

„Vielleicht können wir den noch ein bisschen erschrecken?"

„Könnt ihr nicht, Edmund", sagte Tim und machte

ärgerlich einen Schritt auf den kleinen Degenmann zu.

„Was seid ihr? Schrumpfgespenster?"

„Hütet Eure Zunge!", rief Edmund, sprang vor und

stieß Tim den stecknadelgroßen Degen ins Bein.

Tim spürte nicht das Geringste.

„Wir sind die Gespenster dieses Hauses!",

rief Edmund zu ihm hoch, während er weiter wild

mit dem Degen herumfuchtelte.

„Unser Wohnrecht ist, weiß Gott, älter als das Eure!"

„Richtige Gespenster!", murmelte Tim und kniete sich auf den Boden,

um die kleinen Gestalten besser betrachten zu können.

„Aber warum seid ihr so mickrig?"

„Warum?" Edmund rückte erbost die Lockenperücke zurecht.

„Eure putzsüchtige Sippschaft hat uns das angetan!"

„Alle Spinnweben haben sie zerstört!", rief eine

spindeldürre Dame in mondlichtweißem Nachthemd.

„Einige waren mehr als zweihundert Jahre alt.

Wo soll ich jetzt das Mondlicht fangen?"

„Und der Staub!", rief ein Mann mit einem gewaltigen Bart.

„Fort. Jede Flocke. Und die alten Dinge …"

„Unsere Erinnerungen haben sie fortgeschleppt!"

Edmund schob mit grimmiger Miene den Degen in die Scheide

und die anderen Geister wischten sich bleiche Tränen

von den Nasenspitzen. Eine kleine dicke Dame

in raschelndem Ballkleid schwebte auf Tims Knie.

„Wir schrumpfen!", rief sie mit bebender Stimme.

„Mit jeder Nacht. Helft uns, bitte! Besorgt etwas Staub,

Spinnen, ein paar alte Dinge, Briefe vielleicht …"

„Tim, bist du etwa noch da oben?"

Mama klopfte gegen die Luke von Tims Baumhaus.

„Es ist schon stockdunkel!"

„Komme gleich!", sagte Tim und öffnete das Glas

mit den Spinnen, die er im Garten gefunden hatte.

Hastig krabbelten sie die Baumhauswände hoch und

suchten sich eine dunkle Ecke.

„Ach, noch was, Tim!" Das war schon wieder Mama.

„Ich hab heute den alten Plunder vom Dachboden

auf den Sperrmüll gebracht. Zwei Kisten fehlten.

Weißt du, wo die sein könnten?"

„Nee, wieso?", rief Tim zurück.

Drei Dachbodengespenster schwebten durch die Baumhauswand

und setzten sich mit einem glücklichen Seufzer

auf einen verstaubten alten Kerzenständer.

„Hätte ja sein können", sagte Mama und ging zurück ins Haus.

„Hier", flüsterte Tim und schob den Gespenstern

eine Schachtel mit alten Briefen hin.

„Spinnen hab ich auch jede Menge besorgt,

aber es wird ein bisschen dauern, bis sie ihre Netze fertig haben."

„Danke!", hauchten die Geister. „Wir sind dir

für den Rest der Ewigkeit zu Dank verpflichtet."

„Schon gut", brummte Tim und kroch durch die Luke nach draußen.

„Hauptsache, ihr haltet euer Versprechen."

„Geisterehrenwort!", wisperten die drei ihm nach.

„Wir werden nicht größer als du. Versprochen."

„Gut", sagte Tim.

Während er durch den dunklen Gang zum Haus lief,

fragte er sich, wie viel ein Geisterehrenwort wert war.

Aber er wusste niemand, der ihm darauf antworten konnte.

Cornelia Funke

1. Die Gespenster in der Geschichte (Seiten 74 – 79) sind zornig, traurig oder froh.

   Trage die passenden Wörter ein.

2. Schreibe Stichwörter auf:

   Warum ist das Gespenst Edmund zornig?

   Warum ist die kleine, dicke Dame traurig?

   Wann sind alle glücklich?

Besuch in der Stadtbücherei

„Guten Morgen", begrüßte Frau Klein ihre Klasse 2 b freundlich,
wie sie es jeden Tag machte.

„Am Donnerstag in dieser Woche haben wir die Gelegenheit,
unsere Stadtbücherei in einer extra Führung kennenzulernen.
Ist das nicht prima?"

Die Schüler schauten auf. Einige freuten sich gleich:

„Au ja, ich geh da manchmal mit meiner Mutter hin."

Andere fragten: „Wie, wo, was?"

Frau Klein lächelte und fragte die Schüler:

„Was ist denn eigentlich eine Bücherei?"

Lisa überlegte schnell:

„Bücherei, das ist wie Bäckerei.

In der Bäckerei werden

Brote gemacht und verkauft,

in der Bücherei werden

Bücher gemacht und verkauft."

„Nein, in der Bücherei kann man Bücher ausleihen", wusste Natalie.

„Ja", bestätigte die Lehrerin. „Bücher werden in Verlagen gemacht.
Sie werden in Buchhandlungen oder Buchläden verkauft.
In einer Bücherei kann man Bücher ausleihen", ergänzte sie.

Frank meldete sich:

„Bücher kann man auch in einer Bibliothek ausleihen."

„Stimmt, Frank", antwortete Frau Klein.

„Bücherei und Bibliothek ist dasselbe."

„Biblio –, Biblio –", murmelte Lisa.

„Ja", sagte die Lehrerin, „das ist ein schweres Wort.

Ich sage es einmal ganz langsam und ihr sprecht mir nach:

Bi bli o thek."

Alle sagten: „Bi bli o thek."

Dann schrieb Frau Klein

das Wort an die Tafel und

machte auf das ‚h'

nach dem ‚t' aufmerksam.

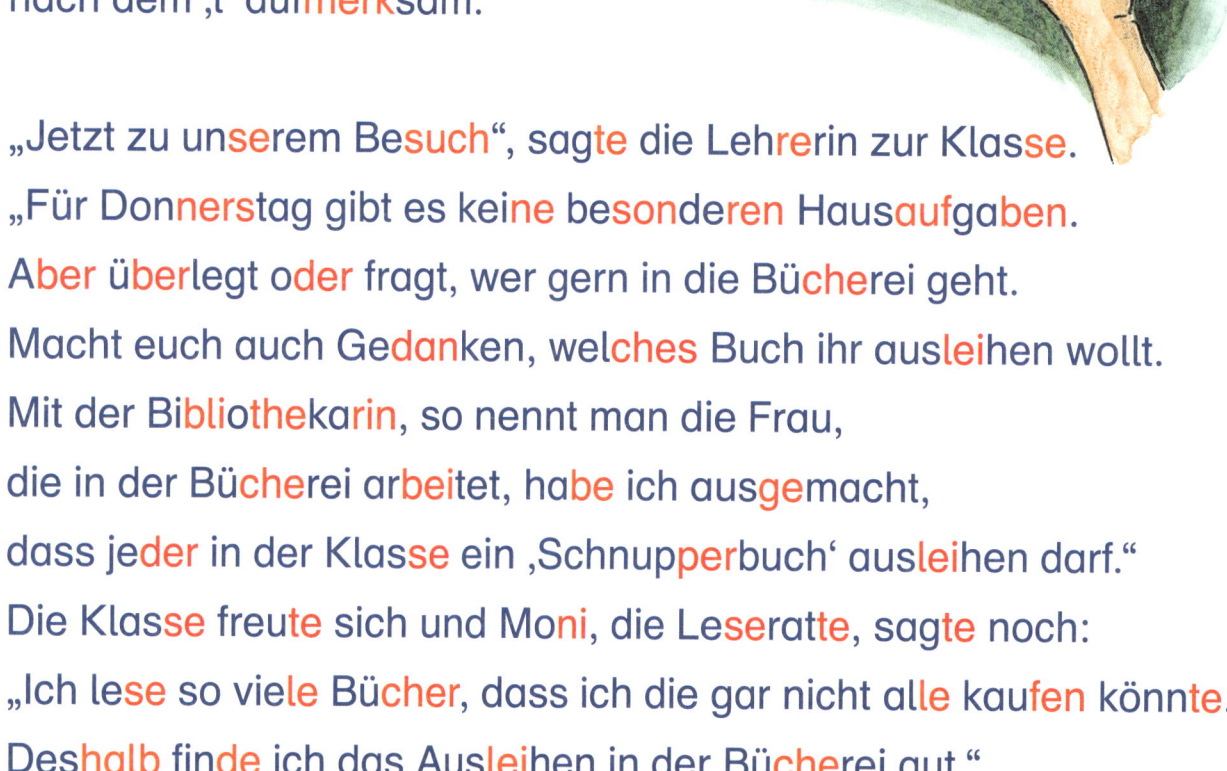

„Jetzt zu unserem Besuch", sagte die Lehrerin zur Klasse.

„Für Donnerstag gibt es keine besonderen Hausaufgaben.

Aber überlegt oder fragt, wer gern in die Bücherei geht.

Macht euch auch Gedanken, welches Buch ihr ausleihen wollt.

Mit der Bibliothekarin, so nennt man die Frau,

die in der Bücherei arbeitet, habe ich ausgemacht,

dass jeder in der Klasse ein ‚Schnupperbuch' ausleihen darf."

Die Klasse freute sich und Moni, die Leseratte, sagte noch:

„Ich lese so viele Bücher, dass ich die gar nicht alle kaufen könnte.

Deshalb finde ich das Ausleihen in der Bücherei gut."

Am Donnerstag stand die Klasse in der Vorhalle der Stadtbücherei.

Frau Schulze, die Bibliothekarin, begrüßte sie und

auf ihre Frage riefen die Kinder gleich durcheinander:

„Meine Oma kommt gern hierher, sie holt immer Hörbücher."

„Meine große Schwester war gestern da,

sie muss für Englisch etwas über London schreiben."

„Mein Vater war auch hier, er hat sich ein Buch über Fische geholt."

„Meine Mutter leiht sich gern Romane aus."

„Ja", sagte Frau Schulze. „So viele verschiedene Bücher gibt es

hier. Und jetzt zeige ich euch, wie man genau das Buch findet,

das man ausleihen will."

Frau Schulze machte die Kinder auf die Schilder aufmerksam,

die über den Regalen mit vielen, vielen Büchern angebracht waren.

Schon von der Vorhalle aus konnte man einige Schilder lesen:

Technik, Romane A-D, Sport, Gartenbau.

„Das sind Sachgebiete", erklärte Frau Schulze,

„alle Bücher werden zuerst nach ihrem Inhalt geordnet.

Deshalb gibt es auch eine extra Abteilung für Kinderbücher."

Die Schüler folgten Frau Schulze in die Abteilung für Kinderbücher.

Hier gab es kleine Bänke, drei Kisten voll mit Bilderbüchern

und natürlich viele Bücherregale.

„Findet einmal selbst heraus, wie die Bücher hier geordnet sind",

forderte Frau Schulze die Kinder auf.

Lisa rief: „Auf diesem Regal gibt es Märchen und dort sind Tierbücher,

so steht es auf den Schildern."

Frank zeigte auf das Regal mit dem Schild „Sachbücher",

und Ulrike sagte: „Oh, da gibt es Indianerbücher.

Darf ich sie mir mal anschauen?"

Schnell fanden die Kinder heraus, dass viele Buchregale

nach der Altersgruppe der Leser beschildert waren:

ab 6 Jahren; ab 8 Jahren; ab 10 Jahren.

Moni wusste schon: „Da stehen die normalen Kinderbücher.

Aber", fügte sie hinzu, „ich weiß einfach nicht,

wo ich das Buch ‚Wir Kinder aus Bullerbü' finden kann."

Frau Schulze nickte und holte die Schüler ganz nah zu einem Regal.

Sie zeigte ihnen, dass auf jedem Buchrücken ein Streifen klebt.

Es war eine Zahl darauf für das Sachgebiet und darunter waren

drei Buchstaben.

„Die Bücher in einem Sachgebiet sind alphabetisch geordnet",
erklärte sie, „und zwar nach dem Nachnamen des Autors.
Ein Beispiel: Das Buch ‚Pippi Langstrumpf'
hat auch Astrid Lindgren geschrieben.
Es ist auf dem Regal für Kinder ab 8 Jahren.
Bei ‚Lin' wird Moni ihr Buch finden."
Frau Schulze lächelte:
„Wenn es nicht schon ausgeliehen ist,
natürlich."

Die Schüler gingen an die Regale, da sie nun wussten,
wo sie ein Buch mit ihrem Lieblingsthema finden konnten.
Die kleine Lisa kam mit einem riesig großen Buch zurück,
darin waren schöne Bilder und eine Schmetterlingsgeschichte.
Frank fand ein Buch über Saurier, Uli holte sich eine DVD,
Natalie hatte die CD „Mein Pony" dabei und
Moni fand „Wir Kinder aus Bullerbü".

Jedes Kind konnte sich ein Buch,
eine CD oder eine DVD ausleihen.
Alles wurde in den Computer
der Bücherei eingegeben.
Vier Wochen durften die Kinder
das Buch, die CD oder
die DVD behalten.

1. Die Sätze sind auseinandergerissen worden.
Welche Satzteile gehören zusammen? Verbinde sie mit Linien in verschiedenen Farben.

1 Eine Bibliothek ist

auf Regalen für ein bestimmtes Lesealter: zum Beispiel ab 6 Jahren, ab 8 Jahren. **i**

2 In einer Bücherei kann man

dasselbe wie eine Bücherei. **S**

3 Sport, Gartenbau, Romane sind

Sachgebiete bei den Kinderbüchern. **r**

4 Märchen oder Tierbücher sind

Bücher, CDs und DVDs ausleihen. **a**

5 Viele Kinderbücher stehen

in einer Bibliothek. Sie gibt Auskunft. **r**

6 Die Bücher auf den Regalen sind

Sachgebiete in einer Bücherei. **u**

7 Eine Bibliothekarin arbeitet

alphabetisch nach dem Nachnamen des Autors geordnet. **e**

2. Du hast die richtigen Satzteile verbunden, wenn die Buchstaben in den Kästchen den Namen von Franks Lieblingstier ergeben.

Er hat ein Buch darüber in der Bücherei gefunden:

(1)　(2)　(3)　(4)　(5)　(6)　(7)

So viele Bücher

Wie ist das Wetter auf dem Bild?

1. Unterstreiche zwei passende Adjektive und setze sie ein.

nass   trüb   sonnig   regnerisch

Es ist ein   Tag.

Wohin gehen Vater und Sohn?

2. Unterstreiche den passenden Ort und schreibe den Satz zu Ende.

in ein Kaufhaus

in einen Supermarkt

in die Bücherei

Vater und Sohn gehen

.

Was machen die beiden in der Bücherei?

3. Unterstreiche ein Verb, das dir gefällt, und setze es ein.

blättern   lesen   schmökern

Sie   in einem Abenteuerbuch.

Was sagt der Sohn?

4. Wähle einen Satz aus und schreibe ihn auf.

Das Buch gefällt mir!

Das Buch ist toll!

Dieses Buch lese ich!

Der Sohn sagt:

Was machen Vater und Sohn nun?

5. Unterstreiche und schreibe den Satz zu Ende.

 das Buch kaufen

 das Buch mitnehmen

 das Buch ausleihen

Deshalb _____.

Wie ist das Wetter jetzt?

6. Wähle einen Satz aus und setze die Wörter in der richtigen Reihenfolge ein.

 Es nieselt. Es regnet in Strömen.

Es ist nass.

Jetzt _____.

7. Wie schützen sich Vater und Sohn vor dem Regen? Unterstreiche.

 schnell laufen   Regenhut aufsetzen   Schirm aufspannen

8. Was machen sie noch? Unterstreiche.

 in dem Buch weiterlesen  das Buch in die Tasche stecken  das Buch unter den Arm klemmen

9. Schreibe mit den unterstrichenen Wörtern von 3. und 4. den Satz zu Ende.

Sie _____

und _____.

Wohin setzen sie sich?

10. Unterstreiche und schreibe den Satz zu Ende.

Dann setzen   .

Wie ist das Wetter eine Stunde später?

11. Unterstreiche und schreibe den Satz zu Ende.

Eine Stunde später

.

Was machen Vater und Sohn, obwohl die Sonne scheint?

12. Unterstreiche und schreibe den Satz zu Ende.

immer noch unter dem
Schirm sitzen und lesen

nach Hause gehen und
dort weiterlesen

den Schirm abspannen
und lesen

Trotzdem

.

Warum bemerken Vater und Sohn nicht, dass die Sonne scheint?

13. Wähle zum Schluss den Satz aus, der deiner Meinung nach den Grund dafür angibt. Schreibe ihn auf.

Das ist ein sehr spannendes Buch!

Lesen macht Spaß.

Lesen macht müde.

Finde eine Überschrift, die zu der Geschichte mit Vater und Sohn passt.

14. Schreibe sie auf.

15. Erzähle die Geschichte anhand der Bilder mit eigenen Worten nach.

Auf dem Schulweg

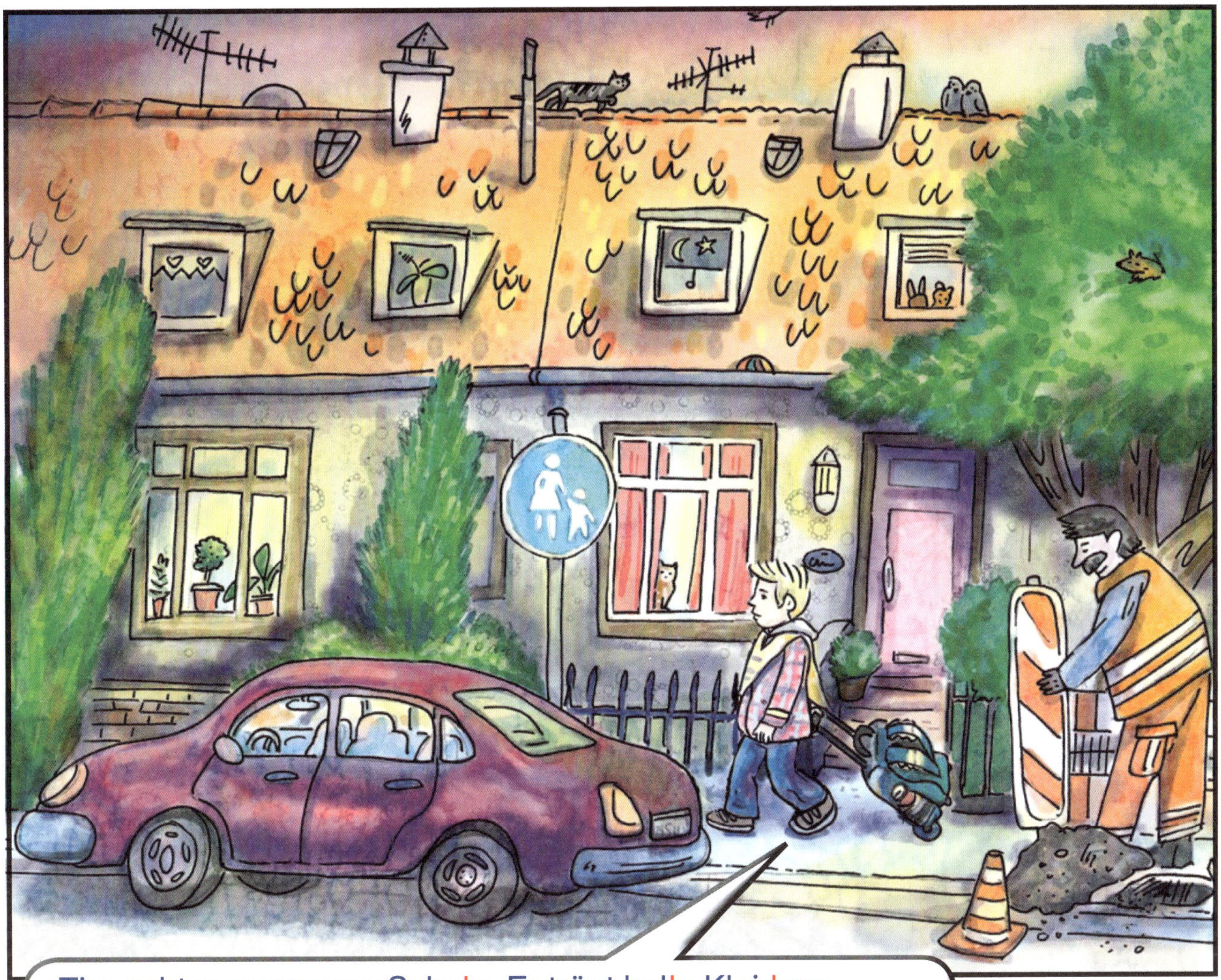

Tim geht morgens zur Schule. Er trägt helle Kleidung
und Reflektoren, damit er gut gesehen wird.
Er geht auf der Häuserseite des Gehwegs. Das ist sicherer.

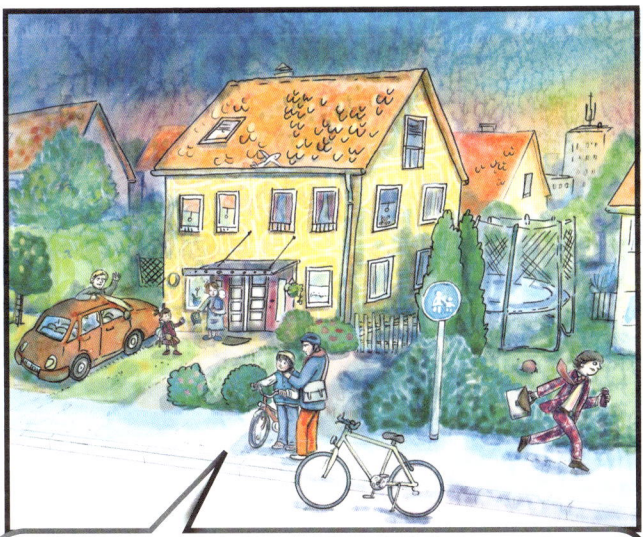

Ali und sein Papa setzen ihre Helme auf
und fahren los.
Ali muss auf dem Gehweg fahren,
sein Papa fährt auf der Straße.

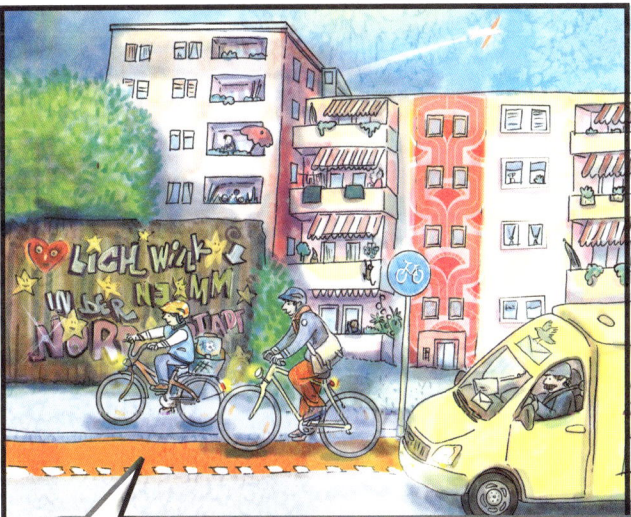

Gibt es einen Radweg,
müssen Radfahrer ihn nutzen.
Also fährt Alis Papa auf dem Radweg.

Mia geht auf dem Gehweg.
Sie muss auf die anderen aufpassen.
Auch Rollerfahrer dürfen hier fahren.

Tim wartet an der Ecke.
Mia möchte über den Zebrastreifen.
Sie wartet, bis der Roller angehalten hat.
Die Frau nickt ihr zu.
Mia schaut nach links, rechts und links
und geht hinüber.

Bo fährt mit dem Bus zur Schule.
Der Bus kommt.
Sie lässt erst alle aussteigen.

Bo hat ihren Sitzplatz
einer alten Frau überlassen.
Jetzt hält sich Bo gut
an einer Haltestange fest.

Vorsicht: Hier können Autos rein- und rausfahren.
Deswegen schaut Alis Papa genau.

Ali und sein Papa wollen
den Zebrastreifen überqueren.
Kommt ein Auto?
Bevor sie ihre Räder rüberschieben,
schauen sie nach links, rechts und links.

Tim und Mia gehen gemeinsam.
Aber Mia passt nicht auf,
sie läuft nicht auf dem Fußweg.
Vorsicht!, ruft Alis Papa. Er sieht Mia auf dem Radweg.
Ali klingelt und Mia geht erschrocken zur Seite.

Tim und Mia kommen
durch eine Spielstraße.
Autos müssen hier sehr langsam fahren.

Mia und Tim müssen sich mit Radfahrern
den Weg teilen. Deshalb passen alle
gut aufeinander auf.

Bo ist ausgestiegen.
Sie sieht Mia und Tim.
Aber sie wartet, bis der Bus weg ist.
Dann hat sie eine bessere Sicht
auf die Straße.

Bo überquert die Straße.
Sie schaut nach links,
rechts und links.
Sie nimmt den kürzesten Weg.
Das ist sicherer.

Die Kinder warten an der Ampel darauf,
dass es grün wird.
Bevor sie losgehen,
schauen sie noch einmal
nach links, rechts und links.

Jeder hat einen anderen
Schulweg,
aber alle treffen sich auf
dem Schulhof.

Welche Verkehrsschilder kennst du?
In dem Bild sind Tim, Ali, Mia und Bo versteckt.
Kannst du sehen, wie ihr Schulweg ist? (Lösung Umschlag)

Quellenverzeichnis

Seiten in „Spannende Leseabenteuer 2"	aus Titel	Bestell-Nr.
11, 65	Fördern und Fordern – Lesen! Lesen! 2, Erzähltexte	1200-10
10	Fördern und Fordern – Lesen! Lesen! 1	1200-13
22, 23	… so leben sie noch heute 1/2, Märchen hören – lesen – verstehen	1400-15
18, 19, 34, 35	Lesen- und Schreibenlernen mit Sudoku, Differenzierte Silben-Sudokus · ab Klasse 1	1402-20
66 – 71, 73 – 79	ABC der Tiere 1 – Lesen in Silben (Die Silbenfibel®) · Ausgabe Bayern	1402-30
62, 63, 64, 72, 80	ABC der Tiere 1 – Arbeitsheft · Ausgabe Bayern	1402-31 (Teil B)
42, 43	ABC der Tiere 1 – Arbeitsblätter Lesezirkus	1403-74
15	ABC der Tiere 1 – Arbeitsblätter zur Differenzierung	1403-77
20, 21, 36 – 41	ABC der Tiere 1 – Lesezirkus	1403-92
14	ABC der Tiere 1 – Schreiblehrgang · Neubearbeitung	1405-81 (Teil B)
12, 13, 16, 17, 28, 29, 32, 33	ABC der Tiere 1 – Die Silbenfibel® · Neubearbeitung	1405-90
91 – 95	Lesestart mit Eberhart: Auf dem Schulweg	1600-11
30, 31	Das Übungsheft Rechtschreiben 2	2401-71
26, 27	Das Übungsheft Lesen 2	2401-72
44 – 48, 50 – 60, 85	ABC der Tiere 2 – Lesebuch	2402-90
49, 61	ABC der Tiere 2 – Arbeitsheft zum Lesebuch	2402-92
81	ABC der Tiere 2 – Lesebuch	2405-90
4 – 7, 87 – 90	ABC der Tiere 2 – Spracharbeitsheft · Neubearbeitung	2405-91
86	ABC der Tiere 2 – Arbeitsheft zum Lesebuch	2405-92
8, 9, 24, 25	Lese- und Lernprofi 2 – Schülerarbeitsheft, silbierte Version	2406-40

Illustrationen

Ingrid Hecht, 30163 Hannover: Seite 10, 11, 15, 20 – 23, 28, 29, 32, 33, 36 – 61, 65 – 71, 74 – 78, 86, Umschlag
Achim Schulte, 44263 Dortmund: Seite 1
Heike Treiber, 79199 Kirchzarten: Seite 4 – 7, 12 – 14, 62, 63, 72, 80, 87 – 90
Elisabeth Lottermoser, 33334 Gütersloh: Seite 8, 9, 24, 25
Franziska Kalch, 09405 Gornau: Seite 16, 17
Susanne Drumm, 77746 Schutterwald: Seite 18, 19, 34, 35, 97
Eve Jacob, 76532 Baden-Baden: Seite 26, 27, 30, 31
Christiane Ruth Franke, A-8071 Grambach: Seite 81 – 85
Susanne von Poblotzki, 40625 Düsseldorf: Seite 91 – 95, 97

Fotos

S. 17: grünes Blatt © Anatoliy Zavodskov - Fotolia.com; Schmetterling Metamorphose © JPS - Fotolia.com
S. 33: Froschlaich © Alexander von Düren - Fotolia.com; Kaulquappe © bajita111122 - Fotolia.com;
     Frosch © Anatolii- Fotolia.com
S. 64: Fuchs © Eric Isselée – Fotolia.com
S. 73: Delfin © ciesiel – Fotolia.com

Texte

S. 66 – 71: Das Delfinmädchen, Norbert Landa. (Satz bearbeitet Mildenberger Verlag)
       Aus: „Leselöwen-Delfingeschichten", © 1996 Loewe Verlag GmbH, Bindlach
S. 74 – 79: Wovon leben Gespenster, Cornelia Funke. (Satz bearbeitet Mildenberger Verlag)
       Aus: „Geheimversteck und Geisterstunde", überarbeitete Neuausgabe des Titels
       „Leselöwen – Dachbodengeschichten", © 1998, 2013 Loewe Verlag GmbH, Bindlach